博士论文
出版项目

迈向优质优价：

中国出口企业加成率决定因素及动态演进

Towards High Quality and Good Price：

The Determinants and Dynamic Evolution of the
Markup Rate of Chinese Export Enterprises

诸竹君　著

中国社会科学出版社

图书在版编目 (CIP) 数据

迈向优质优价：中国出口企业加成率决定因素及动态演进 / 诸竹君著 . —北京：
中国社会科学出版社，2020.7
ISBN 978-7-5203-6109-5

Ⅰ.①迈… Ⅱ.①诸… Ⅲ.①外向型企业—企业管理—研究—中国 Ⅳ.①F279.24

中国版本图书馆 CIP 数据核字（2020）第 040732 号

出 版 人	赵剑英
责任编辑	宫京蕾
责任校对	沈丁晨
责任印制	郝美娜

出　　版	中国社会科学出版社
社　　址	北京鼓楼西大街甲 158 号
邮　　编	100720
网　　址	http：//www.csspw.cn
发 行 部	010-84083685
门 市 部	010-84029450
经　　销	新华书店及其他书店

印刷装订	北京君升印刷有限公司
版　　次	2020 年 7 月第 1 版
印　　次	2020 年 7 月第 1 次印刷

开　　本	710×1000　1/16
印　　张	14.25
字　　数	201 千字
定　　价	88.00 元

出 版 说 明

为进一步加大对哲学社会科学领域青年人才扶持力度，促进优秀青年学者更快更好成长，国家社科基金设立博士论文出版项目，重点资助学术基础扎实、具有创新意识和发展潜力的青年学者。2019 年经组织申报、专家评审、社会公示，评选出首批博士论文项目。按照"统一标识、统一封面、统一版式、统一标准"的总体要求，现予出版，以飨读者。

全国哲学社会科学工作办公室
2020 年 7 月

摘　　要

　　伴随中国出口增速的显著放缓、国内产业转型升级的必要性日益突出，近期文献从关注出口的"量"转向"质"，但分析出口企业盈利情况和市场势力的文献还较为鲜见。本书旨在构建一个理论框架分析中国出口企业加成率的影响机制、决定因素和动态演进，这是对国际经济学实证研究的边际拓展和基于"中国事实"的现实研究。传统理论观点是出口企业加成率高于不出口企业，本书的重大实证发现是中国出口企业存在"低加成率陷阱"。通过扩展基准理论模型，本书对中国出口企业"低加成率陷阱"进行了机制分析，研究表明企业进入出口市场面临"竞争加剧效应"和"质量升级效应"，而中国企业较低的生产率水平决定了其以较低产品质量嵌入国际市场，"竞争加剧效应"大于"质量升级效应"，获得较低的加成率水平。在静态分析基础上，本书动态效应扩展从进口中间品、产品创新和出口模式转换等视角分析了其对出口企业加成率的影响，上述变量可能是推动中国出口企业向"优质优价"转型的重要渠道。最后，本书在理论分析和实证研究基础上提出了推动我国出口向"优进优出、优质优价"转型的政策建议，这对培育我国外贸竞争新优势，推动由"贸易大国"向"贸易强国"转变具有重要意义。本书的主要研究结论如下。

　　（1）通过扩展 MO 模型建立了本书的基准模型，显示出口企业加成率并非随生产率的线性关系，而是随生产率呈"U"形曲线关系，即只有当生产率超过门槛值时企业加成率才会与生产率呈现正相关关系。进一步引入产品质量，发现出口企业加成率决定因素是最优产品质量选择。出口企业面临"竞争加剧效应"和"质量升级效应"，只有当企业跨越正向效应门槛值时才会选择"高质量、高价格、高加成率"的出口模式，反之会选择"低质量、低价格、低加成率"的出口模式，从而引致"低加成率陷阱"。实证结果表明中国出口企业仅有约 25% 越过这一门槛值，即大多数出口企业处于"低加成率陷阱"。进一步扩展基准模型提出企业加成率受到"需求冲击效应"影响，需求冲击越大企业出口加成率水平越低。引入出口模式的动态扩展模型表明，出口企业在动态下面临"出口中学效应"和"需求冲击适应效应"，直接出口相比间接出口具有更强正向"出口中学效应"和"需求冲击适应效应"，因而直接出口企业的加成率水平动态提升，而间接出口企业加成率水平动态弱化。

（2）在静态模型基础上，本书试图回答促使中国出口企业跨越"低加成率陷阱"的重要渠道，其中可能的路径之一是通过进口中间品。出乎理论预期的是中国进口中间品企业的加成率显著低于非进口中间品企业，这是本书提出的第二个重要学术命题"低加成率之谜"。实证研究发现以加工贸易嵌入全球价值链并未改善企业竞争力水平，而一般贸易进口中间品企业的加成率则显著提升。本书通过纳入全球价值链参与的异质性企业贸易理论对上述问题进行了解释，并提出应实现加工贸易转型升级的政策建议。

关键词：加成率；质量升级效应；竞争加剧效应；进口中间品；产品创新

Abstract

With the significant slowing down of China's export growth and the necessity of domestic industrial transformation and upgrading, the recent literature has shifted from "quantity" to "quality". However, the literature about earnings and market power of export firms is relatively rare. This paper aims to build a theoretical framework to analyze the decision mechanism, influencing factors and dynamic evolution of Chinese export firms' markups. This is the marginal expansion of the empirical research in existing international economics and the reality research based on "Chinese fact". The traditional theory is that the markups of export firms are higher than that of non – export firms. The major finding of this paper is that China's export firms are in the "lower markup trap". Through the extension of the benchmark model, this paper analyzes the mechanism of "lower markup trap" in Chinese export firms, the theoretical study shows that the firms entering the export market face "pro – competitive effects" and "quality enhancing effects". Chinese firms with low productivity determines the level of their lower product quality embedded in the international market. The "pro–competitive effects" are larger than the "quality enhancing effects", which obtain lower markups. Besides static analysis, this paper deeply studys the main channel of cracking Chinese export firms' "lower markup trap" by the dynamic extension of benchmark model from perspective of import intermediates, product innovation and export mode transformation. These variables may be important channels to promote the Chinese export firms in transition to "high quality". Finally, based on theoretical analysis and empirical research, this paper puts forward recommendations to promote Chinese export firms transfering to the "quality imports and quality exports, good quality and good price". It has important significance for the development of new advantages in China's foreign trade competition, driven by shift from trading power to trade power. The main conclusions of this paper are as follows:

Through the establishment of the extended MO model as benchmark model, it shows that the export firms' markups are not a linear relationship with the productivity. There is a "U-shape" curve on productivity. Only when productivity exceeds the threshold, the firms' markups will show a positive correlation with productivity. Furthermore, the influence of product quality is introduced, and the determinant factor of the markups is the best choice of product quality. The study found that the export firms face "pro-competitive effects" and "quality enhancing effects". Only when the firms cross it, they will select the "high quality, high price, high markups" export mode. When the export firms' productivity is lower, they will choose the "low quality, low price, low markup" export mode. That causes "lower markup trap". The empirical results show that only about 25% of Chinese export firms exceed this threshold, that is, most export firms are in the "lower markup trap". By extending the benchmark model, this paper points out that the firms' markups are not only determined by productivity, but also affected by the demand shock effect. The greater demand shock is, the lower level of export firms' markups are. The dynamic expansion model introducing export mode shows that export firms are facing "learning by exporting effects" and "demand shock adjusting effects". Compared with the indirect export firms, direct export firms have more significantly positive "learning by exporting effects" and "demand shock adjusting effects". When facing export market competition, direct export firms' markups are significantly improved, while the indirect export firms' markups are significantly weakened.

On the basis of static models, this paper tries to answer the important channel to push Chinese export firms crossing the "lower markup trap". One possible channel is through import intermediates. The result of theoretical prediction is that the markups of China's import intermediate firms are significantly lower than that of non-import intermediates. This is the second important academic proposition of this paper, "the mystery of lower markups". Through empirical analysis, this paper finds that embedding the global value chain through processing trade can not improve the competitiveness of firms, while the markups of import intermediates by ordinary trade are significantly improved. This paper explains the above problems by incorporating the heterogeneous firm theory of the global value chain. This paper puts forward some policy suggestions for the transformation and upgrading of processing trade.

Keywords: Markups; Quality Enhancing Effects; Pro-competitive Effects; Import Intermediates; Product Innovation

目　　录

Contents

第一章

绪　论

本章主要从四个方面对全书的研究背景与意义、研究思路、框架与内容、研究方法进行简要说明。研究背景与意义的提出，简要阐明了我国当前和今后一段时间内贸易政策和国内外经济形势变动，旨在突出本书的研究意义；总体概括了本书使用的研究方法，最后提炼了本书的特点。

第一节　研究背景与意义

一　研究背景

（一）形成

党的十九大报告明确指出：我国经济已由高速增长阶段转向高质量发展阶段，正处在转变发展方式、优化经济结构、转换增长动力的攻关期，必须坚持质量第一、效益优先。进入经济新常态以来，中国经济增速的持续放缓让社会和学界都在热议如何实现中国经济的转型升级。一种学术观点认为提升中国企业的全要素生产率（TFP）是回答该问题的关键（刘世锦等，2014）。然而，又是何种路径能促进这种转变？一种潜在的可能是通过企业的外向型经济活动（出口、进口中间品）以及产品创新行为。政策上，《2017 年国务院政府工作报告》明确提出：落实和完善进出口政策，推动优进优出。《2019年国务院政府工作报告》进一步指出：促进外贸稳中提质，推动出口市场多元化，优化进口结构，积极扩大进口。实现贸易方式调整优化和推动产业转型升级成为提升我国经济发展水平的重要课题。理论上，企业外向型经济活动以及产品创新行为均能显著提升全要素生产率（Ethier，1982；Romer，1990；Lucas，1988；Coe & Helpman，1995；Halpern et al.，2015；Kasahara et al.，2013）。因此，开放型经济行为和产品创新成为促进企业转型升级的重要力量。

　　改革开放 40 多年以来，中国开放型经济的发展获得了举世公认的成绩，特别是加入 WTO 以来贸易量更是显著提升。但是，从贸易的结构来看，表现为一种"大进大出"的粗放模式，受到要素成本上升、经贸摩擦加剧等因素影响，上述模式已呈现明显的增长瓶颈。现有学术观点认为，我国外向型经济的改善应从以数量为主转向以追求更高价值链地位为主（裴长洪，2013），实现所谓的"优进优出"模式。《"十三五"规划纲要》提出五大发展理念，开放发展理念是其中之一。然而，如果通过目前外向型经济的发展模式并不能提升企业的竞争力水平，那么开放发展战略可能就不能带来中国企业全球价值链地位的显著提升和中国制造整体水平的跨越式发展。经济学中认为企业追求"利润最大化"，所以上述行为是否会提升企业的盈利水平是决定企业内生选择的重要因素。当大量的研究还在探讨企业外向型经济和产品创新行为对企业生产率的影响时，还鲜有文献从理论和实证角度对上述行为与企业盈利状况的关系进行研究。企业的盈利状况在产业组织理论中可以用加成率（Markups）刻画。根据 Melitz & Ottaviano（2008）模型（以下简称 MO 模型）的基本结果，生产率越高的企业其加成率水平就越高，而上文的论述表明外向型经济活动和产品创新能提升企业的生产率水平，因而自然的结果是：外向型企业的加成率水平应高于非外向型企业。已有文献从出口等角度探讨了企业加成率的决定因素（De Loecker & Warzynski，2012；Bellone et al.，2016），但是缺乏对企业加成率决定因素的系统性研究，相关问题未能形成统一的理论见解，更缺乏关于中国本土化视角的研究，无法回答中国企业能否通过外向型经济活动和产品创新提升加成率水平，进而推动贸易转型升级。总体上看，现有研究主要存在以下几个方面的不足。

（1）国内外学者大都从宏观或者产业视角切入研究加成率问题，相对缺乏对微观企业加成率的研究，特别是较少涉及企业加成率的决定因素及其动态演进规律的研究。

（2）缺乏对发展中国家出口企业加成率的测度研究，以往国外文献大都从发达国家入手，相对一致的学术观点是出口企业的加成率水平高于不出口企业（De Loecker & Warzynski，2012；Bellone et al.，2016）。但是，作为发展中国家的中国是否会有相似的结果，需要经验数据的检验。

（3）现有文献在分析出口企业加成率时均未考虑不同贸易模式下（直接出口或者间接出口）对出口"加成率效应"的异质性。根据已有文献的成果，直接出口和间接出口在供给端的生产率情况和需求端的需求冲击反馈均存在显著差异，因而可能对企业加成率产生较大异质性影响。

（4）以往文献主要分析了出口行为对企业加成率的影响，其理论基础是 MO 模型，但是现有理论模型和经验结果都未能回答进口中间品如何影响企业加成率。

（5）现有文献以静态分析为主，缺乏对企业进入国际市场后加成率的动态化研究，在"一带一路"建设背景下特别需要识别企业的出口动态对加成率的作用，为当前的宏观经济政策提供数据支撑。

（6）出口企业产品创新是否会影响加成率水平，以往文献忽视了创新行为对外向型企业加成率的影响，特别是缺少能够将产品创新和出口企业加成率纳入一个体系的理论模型。

二　研究意义

本书正是在上述问题基础上，通过构建企业加成率决定因素的理论分析框架，全面系统地研究了开放经济条件下企业加成率的决定因素及其提升路径。本书对现有企业加成率测算方法进行了改进，以此为基础将企业外向型经济活动和产品创新行为纳入一个统一框架内，使用精细化的微观企业数据对中国企业进行了实证研究，深入探讨了影响企业加成率的重要变量及其动态演进过程。本书的研究意义在于以下两个方面。

（1）理论意义：企业加成率是影响一国企业垄断势力和盈利能力，进而影响到微观条件下是否具备转型升级能力的重要变量，随着我国开放型经济的深入发展，构建加成率决定因素的理论分析框架，并进行实证研究成为学术界亟需涉及的重要领域。通过将企业出口、进口中间品以及产品创新行为纳入统一体系内，本书初步建立了开放经济条件下中国企业加成率的分析框架；通过修正 De Loecker & Warzynski（2012）测度方法（以下简称收入法）以及 De Loecker et al.（2016）测度方法（以下简称数量法），本书对中国工业企业加成率进行了较为精确的测度，为经验研究提供了重要保证，也为企业加成率的进一步研究提供了方法借鉴；通过比较出口和不出口企业加成率，本书较早提出了出口企业"低加成率陷阱"这一具有中国特色的学术命题，为反思异质性企业贸易理论在中国的适用性提供了一个可能的研究视角。本书还较早将进口中间品、产品创新和出口模式转换纳入出口企业加成率决定因素的动态分析体系内，通过构建理论模型和基于微观数据的实证检验系统研究了上述企业行为对出口加成率的影响，经验事实表明进口中间品、产品创新和出口模式转换可能是提升我国出口企业加成率水平的重要途径。

（2）政策意义：总体来看，中国企业在外向型经济活动中所处的全球价值链（Global Value Chain）地位较低，相对于发达国家企业在垄断势力和盈利水平方面尚处于劣势地位，存在明显的全球价值链"俘获效应"（张杰和郑文平，2017；戴翔和张为付，2017）。一方面面临与发达经济体前沿技术差距的显性劣势；另一方面面临发展中经济体劳动力等成本优势的压力，处于"高低挤压"的不利局面。如何实现出口企业转型升级，向更高价值链地位跃迁成为目前贸易政策研究的热点。《2017 年国务院政府工作报告》明确提出：加快外贸转型升级示范基地建设。促进加工贸易向产业链中高端延伸、向中西部地区梯度转移。增加先进技术、设备和关键零部件进口，促进贸易平衡发展和国内产业加快升级。从开放经济视角出发研究中国出口企业加成率的决定因素，对于提出改善中国出口企业盈利水平的政策路径具有重要参考价值，对于持续推动我国外贸向"优进优出"转变具有重要指导意义。以工业企业作为研究对象，探究工业企业通过更好地参与开放型经济，提升国际竞争力，这为"中国制造 2025"战略提供了重要的理论参考。本书在分析出口行为对企业加成率影响时，重点引入了出口产品质量这一中介变量，理论分析表明推动出口企业向更高价值链转型的必由之路是提升出口产品质量，这为全面提升质量水平，推动中国经济发展由高速进入高质量时代的政策提供了重要理论和实证支撑。

第二节　研究思路、框架与内容

一　研究思路

本书以中国出口企业为研究对象，选取加成率作为企业竞争力代理变量，通过构建理论模型深入分析出口企业加成率的决定方程和影响机制。在此基础上，通过结构方程模型建立企业加成率测算模型，较早测算了中国企业层面加成率，实证研究成果表明中国出口企业存在违背经济学直觉逻辑的"低加成率陷阱"问题。通过扩展基准模型，论证了"低加成率陷阱"是出口企业在低生产率出口情形下的内生选择，出口行为与加成率之间并非简单线性关系。在这一学术命题基础上，本书试图回答中国出口企业向"优质优价"升级的路径选择，利用中国工业企业和海关数据库，检验了进口中间品、产品创新和出口模式转换对出口企业加成率的动态影响。在进口中间品部分，本书基于前沿的全球价值链理论，通过引入企业生产率和融资约束的理论模型，揭示了进口中间品企业选择不同全球价值链地位嵌入的理论机制；在产品创新部分，本书通过构建理论模型论证了出口企业存在"竞争加剧效应"和"质量升级效应"，企业产品创新可以通过产品质量渠道影响企业加成率；在出口模式转换部分，本书在基准模型基础上，引入外部市场需求冲击影响，揭示了不同出口模式企业面临异质性"出口中学效应"和"需求冲击适应效应"，解释了"低加成率陷阱"可能存在的子样本微观基础。最后根据理论分析和实证研究结果提供本书的政策含义，在分析研究不足的基础上指出进一步研究方向。全书沿着"悖论提出—理论构建—实证分析—动态扩展—政策建议"的思路展开，以期在论证中国出口企业"低加成率陷阱"基础上，探究促进中国出口企业向"优质优价"升级的有效路径。

二　研究框架

根据研究思路，本书的技术路线如图 1–1 所示。

三　研究内容

本书的主要章节安排如下。

第一章是绪论。这部分主要介绍本书的研究背景与意义、研究思路与框架、研究方法以及本书特点。

第二章是文献综述。这部分主要梳理 4 类与本书有关的文献：一是有关加成率的经济含义及早期研究；二是介绍现有关于加成率的测算方法，分别从宏观、产业、企业和企业—产品层面展开；三是讨论关于开放条件下企业加成率决定因素的相关文献；四是以中国出口企业为研究样本的加成率前置研究。最后是对现有文献的简要述评。

第三章是加成率的测算模型。这部分主要在现有文献基础上，分别从企业层面和企业—产品层面对加成率进行测算。重点介绍当前最为前沿的结构方程模型（Structural model），为下文展开企业加

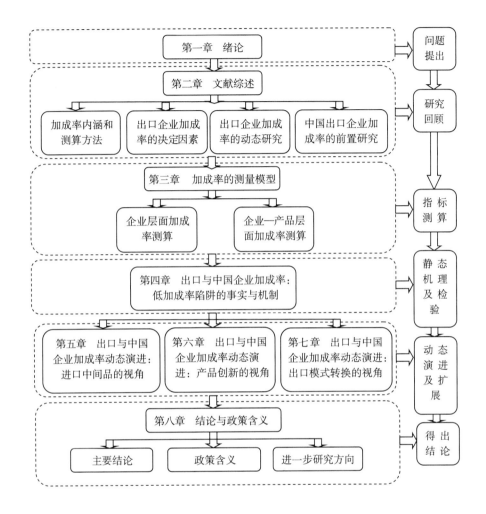

图1-1　研究技术路线

成率决定因素的研究做好基础。

　　第四章是出口贸易、产品质量与中国企业加成率。本章主要在第三章企业加成率测度的基础上开展出口贸易与中国企业加成率的研究。首先根据扩展的 MO 模型，本章推导出了出口企业加成率关于生产率的表达式，并提出了4条理论命题，从理论层面推导出出口企业存在"低加成率陷阱"，并通过"竞争加剧效应"和"质量升级效应"对这种"U"形曲线关系进行了微观机制分析。进一步分析，通过对企业出口模式的分解，从子样本层面探究了出口企业"低加成率陷阱"的微观基础，出口模式差异显著影响了出口企业加成率。最后根据微观企业数据进行了实证研究，证实了理论命题的正确性，以此提出相关结论和政策含义。

第五章是进口中间品、全球价值链与中国企业加成率。以进口中间品视角出发观察出口与中国企业加成率动态演进。本章基于中国工业企业—海关匹配数据，对中国中间品进口企业的加成率进行了考察。发现的奇怪现象是：中间品进口企业加成率低于不进口企业。这违背现有异质性企业贸易理论基本结果，也是学术界关注的一大难题。通过引入加工贸易，本章深入研究了全球价值链地位对中间品进口企业加成率的影响，经验证据表明以下几个方面。(1) 较低的全球价值链地位是造成中国中间品进口企业加成率过低的重要原因；(2) 企业内生选择较低全球价值链地位的重要外因是融资约束。从而解释了上述谜题，并为破解该谜题提供了突破口。(3) 从动态效应的视角出发，企业从事一般贸易进口中间品后获得了正向"加成率效应"，加工贸易和混合贸易都显著降低了企业加成率。

第六章是以产品创新的视角出发考察出口与中国企业加成率动态演进。本章基于中国工业企业—海关匹配数据，检验了产品创新对中国出口企业的"加成率效应"。研究发现：(1) 出口企业的产品创新行为提升了加成率；(2) 东部地区出口企业产品创新的"加成率效应"最大，其次是中部地区，西部地区并不显著；(3) 资本密集型、技术密集型出口企业均有显著的"加成率效应"，但劳动密集型企业并无该效应；(4) 民营和外资出口企业的产品创新均显著提升加成率水平，但国有企业并不明显；(5) 通过扩展的 MO 模型，本章进一步揭示了出口企业产品创新对加成率影响的内在机理，理论结果表明产品创新带来的出口产品质量提升是该效应成立的关键，经验结果证实了理论命题。

第七章是以出口模式的视角出发考察出口与中国企业加成率动

态演进。基于中国工业企业和海关数据库进行实证研究，结果显示：
（1）东部地区、资本密集型行业和民营企业表现出更大的动态"加
成率效应"；（2）针对理论模型中影响渠道的检验显示，直接出口
企业的正向"出口中学效应"和"需求冲击适应效应"均显著超过
间接出口企业。上述结论意味着，推动出口企业向优质优价、优进
优出转变需要重点关注出口模式选择。

第八章是结论与政策含义。本章的重点在于归纳上述各章的主
要理论和实证结果，在此基础上提出相关政策含义，并在最后提供
了有关企业加成率的未来研究方向和视角。

第三节　研究方法

一　规范分析与实证分析相结合

本书对开放条件下企业加成率的决定因素进行了理论分析，特
别是在第四章和第七章中，均通过扩展的 MO 模型对出口贸易以及
产品创新的"加成率效应"构建了局部均衡模型，提供了相应的理
论命题：在理论分析的基础上，本书综合使用中国工业企业数据、
中国海关数据以及中国工业企业产品产量数据等微观数据库进行了
多个层面的实证研究，针对上述理论命题进行了相关检验，进而做
到规范分析和实证分析相结合。

二　定性分析与定量分析相结合

定性分析和定量分析相结合是本书比较突出的特点之一，在主
要的第四章到第七章本书均使用理论模型推导出命题，在此基础上
使用微观数据对上述命题进行实证检验，从定性和定量两个维度出
发对研究主题进行了深入探讨。具体而言如下。第四章首先根据扩
展的 MO 模型，将企业最优产品质量选择引入基准模型，定性分析
了出口企业进入国际市场存在"竞争加剧效应"和"质量升级效

应", 在此基础上通过 DLW 法对企业层面加成率进行测算, 并通过面板数据固定效应模型、系统 GMM、差分 GMM、门限回归和倾向得分匹配 (PSM) 对理论命题进行了严格检验。第四章和第七章同样基于扩展的 MO 模型, 将需求冲击引入基准模型, 定性分析了出口企业进入国际市场时面临 "出口中学效应" 和 "需求冲击适应效应", 在此基础上使用微观企业数据, 运用准自然实验 (Quasinatural experiment) 的方法对理论命题进行了检验, 稳健性检验中进一步引入倾向得分匹配—倍差法 (PSM-DID) 进行研究。本书试图做到定性分析与定量分析相平衡, 从更加系统、更加完整的视角出发探究中国出口企业加成率的决定因素和动态演进。

三　静态分析与动态分析相结合

本书显著的特点之一是结合了静态分析和动态分析, 试图从决定因素和动态演进两个维度对中国出口企业加成率进行深入研究。具体而言: 第四章和第七章均通过扩展的 MO 模型分别从产品质量和贸易模式出发对出口企业加成率进行了静态分析, 结果表明静态情形下出口企业的最优产品质量和出口模式选择会影响其加成率决定。在此基础上, 本书对静态模型进行了动态扩展, 从出口行为动态出发研究企业是否可能通过调整中间品进口、产品创新和出口模式转换等决策变动实现加成率的演进, 以期从时间维度更加完整、更加系统地分析研究主题。

四　多种计量经济学分析方法

(1) 结构方程模型。本书测算企业加成率的基准模型是 DLW 法, 该方法通过一个简单的成本最小化问题将企业加成率测算纳入结构方程模型中加以推导 (具体过程详见第三章)。该方法的最大优势是在比较少的假定基础上, 对企业生产率和加成率进行系统估计, 并通过生产率演进方程的变形和扩展实现不同冲击下企业加成率的有效估计。

(2) 准自然实验方法。本书在研究出口模式选择对企业加成率影响时，实证模型主要选择了准自然实验的方法，其中基准模型主要是根据企业是否选择直接出口或者间接出口和出口进入前后，以不出口企业作为控制组进行"反事实"比较，得出企业在不同出口模式下加成率效应的净值。在稳健性检验中进一步使用倾向得分匹配—倍差法（PSM-DID）对上述问题进行研究，在控制企业出口进入前的特性后对不同出口模式下冲击进行分析，更好地避免了选择性偏误的影响，较好地处理了内生性问题。

（3）差分 GMM 和系统 GMM 方法。为了更好地减轻内生性问题对本书实证分析的影响，在固定效应模型基础上，本书通过动态面板下的差分 GMM 和系统 GMM 方法对计量模型进行了估计，可以较好地处理因为"遗漏变量"和"反向因果"引致的内生性问题。

（4）其他计量经济学模型。除了上述计量模型外，在稳健性检验中本书综合使用了 Heckman 模型、门限回归、分位数回归和倾向得分匹配（PSM）等方法，更好地验证了本书实证结果的稳健性和有效性。

第四节　本书特点

本书在前人的研究基础上，通过构建结构方程模型对中国工业企业加成率进行了测度。在此基础上，围绕开放条件下中国企业加成率的决定因素进行了机理分析，在理论分析的基础上进一步实证研究了中国企业加成率的决定机制、动态演进和提升路径。本书特色之处在于以下四个方面。

（1）理论层面，本书通过理论模型或者逻辑框架研究了开放条件下影响企业加成率的微观机理，在此基础上扩展了 MO 模型，深化了异质性企业贸易理论在市场势力和企业盈利水平方面的研究范畴。相比于 Melitz 和 MO 模型基于发达经济体的理论结果，本书对发展中经济体的出口企业加成率进行了更为深入的探讨，加成率与企业生产率之间的关系并非单调正向关系，而是存在局部的"U"

形曲线关系。本书构建了一个可以兼容出口与不出口企业生产率与加成率内生变化机制的统一框架，在该框架内，MO 模型与其在发达国家得到验证的结论继续成立，但同时解释了我国所面临的出口企业"低加成率陷阱"现象。其内在逻辑是：当企业进入出口市场后加成率高低取决于因国际市场平均产品质量较高带来的"竞争加剧效应"和面临因更大国际市场规模带来的"质量升级效应"。当企业生产率在一定区间内时，"竞争加剧效应"大于"质量升级效应"，选择低质量、低价格进而低加成率出口是企业的最优行为，本书的贡献在于为上述质量选择机制提供了来自中国的经验证据，并证实产品质量和企业加成率之间的作用关系。第四章和第七章通过扩展的 MO 模型，引入不同出口模式下企业学习行为的异质性，将中间商出口和企业加成率两支文献进行了有机整合，通过理论模型深化了对不同出口模式下企业加成率的静态和动态效应的理解。理论研究发现直接出口企业可能通过"出口中学效应"和"需求冲击适应效应"两种渠道获得更大的加成率动态效应。

（2）在研究进口中间品对企业加成率的影响时，本书在 Kasahara 和 Rodrigue（2008）模型基础上，构建了一个可以解释进口中间品对企业加成率影响的理论框架，该框架表明进口中间品会提升企业加成率的水平。实证结果说明中国企业存在违背理论结果的"低加成率之谜"，通过比较分地区、分要素密集度和分所有制类型的结果，本书发现谜题在中国普遍存在。本书引入加工贸易，以中间品进口企业全球价值链地位对"低加成率之谜"进行了解释，并认为融资约束是造成企业内生选择较低全球价值链地位的重要原因。深化了对该谜题的理解，提供了破解该谜题的潜在路径。

（3）针对企业加成率提出了更为准确的测度模型。本书在 DLW 法基础上，充分考虑了中国经济的实际情况进行了适应性改进，一方面采用了目前最为前沿的生产函数法测算企业加成率，另一方面充分考虑到目前中国企业生产要素调整存在的障碍。在此基础上，本书还进一步根据工业企业—海关匹配数据库对企业出口产品层面加成率进行测算，拓展了有关中国出口企业加成率研究的范畴，这一扩展一方面可以从更细的维度观察多产品企业加成率，更准确地加总企业层面加成率；另一方面可以为多产品出口企业在特定冲击下加成率变动提供实证研究方法。

（4）在研究产品创新对出口企业加成率的影响时，首次从出口企业盈利水平出发研究产品创新的福利效应，拓展了从微观层面研究产品创新与出口企业异质性的文献；现有的文献大都进行经验研究，本书通过建立理论模型在一定程度上弥补了现有文献的不足，为破解出口企业低加成率问题提供了思路；现有创新活动对市场势力的文献缺乏对中间作用机制的研究，本书通过引入产品质量作为中间变量，更为直观地刻画出产品创新提升企业加成率的作用渠道；本书对我国推动"优进优出"贸易政策的实施路径、优化区域性产业政策、增强产品创新转化效率具有较强指导意义。

第 二 章

文献综述

中国经济在 2001 年加入 WTO 后保持了持续较快增长，其中 2003—2007 年保持了两位数以上的增长率，2008 年受到金融危机的影响经济增速显著放缓至 9.7%。同一时期（2003—2007 年），货物出口贸易增长率均超过 20%（按美元计价），出口贸易成为拉动经济增长的重要力量之一。但是 2008 年金融危机冲击后，货物贸易出口增速显著下滑（其中 2009 年、2015 年和 2016 年出现负增长情况），① 对出口贸易的研究从单纯追求"量增"过渡到"质优"，深入探究中国出口企业的加成率水平，寻求破解中国企业低价—低质出口问题具有重要的意义。结合本书研究主题，下面将从以下四个方面对现有文献进行梳理：一是加成率的内涵及早期研究；二是关于加成率的测度方法的相关文献；三是探究出口企业加成率的决定因素；四是以中国出口企业为研究样本的加成率前置研究。

第一节　加成率的内涵及早期研究

企业加成率最早可以追溯至对产业组织理论的研究，而增长理

---

① 以上有关中国经济增长和货物贸易增速数据均来源于历年《中国统计年鉴》。如图 2-1 所示，汇报了加入 WTO 后中国历年货物贸易出口和国内生产总值同比增长率情况。

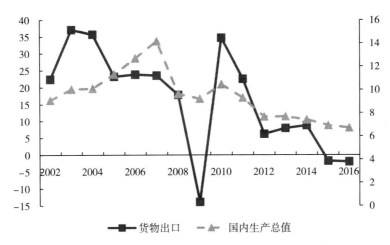

图 2-1 中国加入 WTO 后货物贸易出口和国内生产总值增长率（%）

论针对生产函数（Production function）的刻画为上述产业组织理论研究提供了重要支撑。早期的增长理论在对生产函数的分解中，将生产总值中不能用生产要素（劳动力、资本）解释的部分作为技术进步（Technical change），通过对美国数据的实证研究论证了中长期经济增长的重要动力是持续提升的技术进步，并将这一技术进步指标命名为索罗剩余（Solow, 1956; Solow, 1957）。然而索罗剩余最早的构建模型假定生产规模报酬不变（Constant returns to scale），因此消费者需求因素和要素供给因素不会引致索罗剩余变动（Hall, 1989）。企业加成率的建构过程就是基于对规模报酬递增生产函数的研究提出的。这一部分主要通过梳理加成率的内涵和早期研究，从理论分析和实证分析两重视角出发对加成率文献进行初步回顾。

一 加成率的内涵

加成率最为直观的定义是企业在边际成本以上的价格，在不完全竞争的市场上企业可以在边际成本以外获取额外价格，且垄断势力越大的企业加成率越高，企业加成率因而可以成为市场势力和盈利水平的代理变量（Dickinson, 1967; Tarshis, 1980）。与企业加成率定义相似的变量还有价格成本边际（Price cost margin），又称勒纳指数（Lerner index），这一指标也反映了价格对边际成本的偏离程度（Collins & Preston，1969；Cowling & Waterson，1976），该指标数值越大表明特定行业的垄断程度越高。

二 有关加成率的早期研究

这部分主要介绍有关加成率的早期研究，从三个维度展开：一是有关市场结构与企业加成率决定的理论研究和实证分析；二是直接关于加成率的相关文献；三是从价格成本边际角度出发对市场势力进行研究的相关成果。

第一类文献的理论基础最早源自 Schumpeter（1934）的创新理论，其理论分析表明行业中垄断者最有可能进行创新研发活动，原因是垄断者具有超额利润优势可以克服创新活动所需要的固定成本投入。Schumpeter（1942）进一步将垄断企业创新深化为整个资本主义社会的"破坏性创造"行为（Creative destruction），其核心观点在于资本主义社会经济结构的创造和破坏并非通过价格竞争，而是通过创新行为实现的，创新行为包括产品创新、技术创新、市场创新、资源配置创新和组织创新，组织创新通过新的组织建立（比如并购重组等）实现垄断地位，进而获得较强的市场势力。从行业外部规模不经济角度出发，有研究认为庇古税的征收有可能引致垄断者降低产量、提升价格，并使市场结构进一步趋向垄断，而垄断者获得更高的加成率水平（Buchanan，1969）。在 Schumpeter 创新理论基础上，Aghion 和 Howitt（1992）创造性地提出了一个基于破坏性创造的内生增长模型，其模型结果设定企业存在创新部门，创新的结果是造成对现有创新成果的破坏，即现有产品垄断者可能由于新产品出现而丧失垄断地位，研发部门创新会提升本企业市场势力，降低原有产品企业加成率水平。创新部门的生产率水平由泊松创新到达率（Poisson arrival rate of innovations）加以刻画，理论模型表明经济体的长期平均增长率和这一比例呈正相关关系。还有文献从潜在企业进入角度出发研究其对在位企业市场势力的影响，为避免潜在更高生产效率企业进入降低其加成率水平，在位企业可能通过长期合同的方式来阻止潜在竞争者进入（Aghion & Bolton，1987）。除了上述从理论模型出发研究市场结构与企业加成率的文献外，还有大量文献从经验数据出发检验市场结构与企业市场势力之间的关系。Scherer（1965）利用美国 448 家财富杂志（Forture）500 强工业企业在 1955—1960 年面板数据对 Schumpeter 创新理论进行了检验，实证结果显示企业市场势力对研发活动的影响并不显著，该文指出有可能遗漏了重要的解释变量从而造成了上述违背 Schumpeter 创新理论的结果。Scherer（1967）使用行业层面数据，选择技术员工雇用量（包含工程师和科学家）来代理企业创新活动，实证结果显示总体上市场势力和创新活动之间呈现出一定程度的正相关关系，加成率水平越高的企业更倾向于雇用技术工程师和科学家。但是进一步的经验结果表明如果行业垄断势力超过某一阈值（CR4>50%），此时更高的市场势力并不能显著提升企业的研发活动水平。Comanor（1967）进一步考察了市场结构、产品差异性和行业研发活动水平之间的关系，该文的结果表明除了市场集中度可能影响企业创新活动外，产品差异性和技术进入壁垒程度也会制约上述行为。经验结果证实产品差异化越高，越有可能引致创新活动，因为企业可能通过差异化产品获取更高的加成率水平。技术进入壁垒适中可能最大程度激发企业创新动机，过高和过低的技术进入壁垒则会抑制创新活动。第一类文献基本上从理论模型和实证结果对企业加成率与市场结构之间的关系进行了深刻研究。

第二类文献是直接讨论有关加成率的决定因素和企业定价规则的早期文献。Heien（1980）通过构建一个动态模型对食品行业定价行为进行了研究，假定生产函数为规模报酬不变的里昂惕夫形式（Leontief production technology），实证结果表明批发商价格是引致零售商定价波动的单向格兰杰原因，但是这种批发商价格上涨可能会完全转嫁（Pass through）到零售商价格，而批发商降价则并非直接引致零售商价格变动。这一文献从批发商和零售商关联性出发对企业加成率决定进行了理论研究和实证分析。Finsinger 和 Kraft (1984) 对企业的加成率决定进行了研究，在存在价格约束的行业中企业倾向于采用市场营销和广告推广行为提升加成率水平，该文指出这种价格促进行为造成了资源错配，在实证分析基础上使用美国人寿保险公司数据对上述理论命题进行了检验。Morrison（1989）在对加拿大制造业行业的实证检验后指出，整体上制造业行业加成率水平呈现显著的反周期性（Countercyclical），相比于非耐用品制造业行业，耐用品制造业行业加成率反周期性更加明显。进一步对加成率的决定因素研究发现，行业加成率水平受到产能利用率、规模经济效应、投入要素价格变动、进口竞争程度、失业率等变量影响，该文指出相比于需求层面因素，供给层面的成本变动对这种逆周期加成率变动的影响更大。Berndt 等（1990）较早使用企业层面数据对加成率水平进行研究，其选取美国三大汽车制造商（通用、福特和克莱斯勒）1959—1983 年面板数据的经验结果显示美国三大汽车制造商的加成率水平一定程度上服从古诺寡头竞争模型和价格领导模型，该文进一步从需求层面冲击（包括消费者偏好、进口竞争等因素）出发对加成率决定因素进行探究，该文认为判断企业加成率水平的动态决定需要综合分析需求层面和供给层面，成本因素和价格因素共同决定了企业加成率水平。在对通货膨胀的分析指出，成本推动型通货膨胀可能引致企业加成率下降，而需求推动型通货膨胀可能引致企业加成率提升。该文的贡献是以企业层面数据进行了研究，并假定生产函数是规模报酬递增的，这就更为接近现实经济中的企业行为。Hooper 和 Mann（1989）从汇率传递（Exchange rate pass-through）角度出发研究了美元汇率波动对制造业进口价格的影响，该文指出相比于其他类型企业，制造业企业更加服从理论模型中假定的不完全竞争、产品差异化和价格歧视等情形，通过宏观层面数据的实证研究表明汇率变动对出口企业价格产生影响。由于存在非完全汇率传递，所以针对日本对美国的出口发现，当美元升值时日本出口企业加成率显著提升，价格条件显著改善。但是，当美元贬值时，由于出口商更加注重市场份额，因此并不会即时调整出口价格，短期内加成率无显著变动。同样基于目的国汇率变动对出口企业加成率的影响，有文献指出上述影响可能存在目的国市场异质性，即出现出口企业"依市场定价"（Pricing to market）行为（Krugman，1986）。进一步研究发现，还是以汽车行业为例，日本出口企业存在显著的汇率传递效应，会根据目的国汇率变动即时调整加成率水平，但是德国企业的上述效应则相对较弱，美国出口企业的汇率传递效应不显著（Gagnon & Knetter，1995）。上述文献均是基于传统经济学理论框架，还有一支经典文献从博弈论角度出发研究策略性行为下企业加成率的制定及其决定因素，其中具有代表性的文献以拍卖和投标（Auction and bidding）为例对上述问题进行了理论研究（Milgrom & Weber，1982a；Milgrom & Weber，1982b；Milgrom，1989）。同样以博弈论作为理论基础，Schwert（1996）对企业并购行为中的加成率决定进行了深入研究，经验数据表明并购行为中产生的信息可能对加成率产生显著影响。还有文献通过理论模型研究发现除了产品市场特征（例如企业数量、需求弹性）可能会对企业加成率产生影响外，交易方讨价还价能力也可能影响企业定价行为。进一步研究发现员工的工资水平也会影响企业加成率水平，但是工资水平和价格冲击的影响存在粘性（Stickiness）。通过引入商业周期的影响，该文将上述变量在同一体系内进行了深入研究，并汇报了随商业周期变动的特征性事实（Sen & Dutt，1994）。

三是从价格成本边际角度出发对市场势力进行研究的相关文献。从价格成本边际的定义式看，其反映的实质是企业产品价格对边际成本的偏离程度，又可被称为勒纳指数，与企业加成率的定义高度近似，都可以作为企业市场势力或者盈利水平的代理变量。Collins和Preston（1969）针对美国1958年和1963年普查数据的研究发现，行业集中度显著影响行业价格成本边际，其正向边际效应约为0.1，进一步的研究证实行业集中度和价格成本边际的关系可能不是顺周期的，企业可以通过广告推广和产品差异化获得较高的价格成本边际。在此基础上，Rhoades 和 Cleaver（1973）利用美国 1967 年 4 位码行业普查数据研究行业集中度对价格成本边际的影响，经验数据证实即使在通货膨胀年份（1967 年）也同样存在行业集中度对价格成本边际的正向作用。进一步研究发现正向作用的程度受到行业集中度的影响，存在一定程度的门槛效应，当行业集中度 CR4>51%时，正向效应明显强化，表现为行业集中度对价格成本边际较大的边际作用。该文的政策含义是对于反垄断措施需要根据不同的行业集中度，采用异质性措施，重点关注较高行业集中度的并购重组行为。不同于从销售企业角度出发的研究，Lustgarten（1975）使用美国 1963 年投入—产出表（Input-output tables）数据研究购买企业所处行业集中度对销售方价格成本边际的影响，当购买方行业集中度越高时，其讨价还价能力越强，因此对销售方价格成本边际存在显著负向影响。该文进一步研究表明，由于存在随购买方行业集中度提升而下降的价格成本边际，所以销售方也倾向于提高本行业市场集中度，实现一定程度的对冲效应。针对与上述相同问题的研究，Ornstein（1975）的实证结果对上述文献结果提出质疑，该文认为行业集中度对行业价格成本边际的正向影响可能受到行业资本密集度影响，因此该文指出价格成本边际对于有较高固定和可变成本的大型企业可能并非较好的代理变量，通常会造成向上估计的偏差情况。该文进一步指出所谓行业集中度影响的门槛值有可能是这种向上估计偏误造成的，因此行业集中度对价格成本边际的正向影响可能并不显著。进一步的子样本研究发现在不同属性的产品市场存在异质性行业集中度对价格成本边际影响，Cowling 和 Waterson（1976）同样采用美国普查年份数据对上述问题进行研究，其边际创新在于将行业划分为耐用品和非耐用品行业，经验数据显示，非耐用品行业并不存在显著的正向作用关系，而是耐用品行业存在上述显著正向影响，该文较早使用赫芬达尔指数（Herfindahl-Hirschman index）作为行业集中度的代理变量，克服了单纯使用 CR4 指标的潜在问题，针对交易方垄断行为的研究发现，存在交易同盟（Trade union）现象的行业并不具有显著更高的价格成本边际。Strickland 和 Weiss（1976）针对渠道变量的研究发现，高行业集中度对于价格成本边际的正向影响可能是由于产品差异性造成的，其核心观点是高行业集中度企业倾向于采用更多广告推广费，提升其产品差异性水平获取更高价格成本边际，但是这种关系在日用品行业中并不明显，说明除了行业集中度影响外，价格成本边际还受到行业进入壁垒的作用。该文的边际贡献是通过联立方程消除了潜在的回归偏误，进一步证实了行业集中度对企业价格成本边际的影响。Salop 和 Scheffman（1983）从理论模型层面研究竞争市场中在位企业策略性行为对价格成本边际的影响，理论结果表明相对于掠夺性定价行为，提高竞争者成本的经济效应可能更大，并且这种行为可能对消费者剩余产生显著影响。该文认为政府应该精确识别不同种类的策略性行为产生的垄断定价问题，采取差异化手段进行反垄断治理。还有文献以寡头垄断市场作为研究对象，对企业竞争行为的价格成本边际效应进行了研究，并考虑了商业周期对竞争行为影响的异质性（Rotemberg & Saloner，1986）。上述实证分析均采用普通最小二乘（OLS）估计法，存在一定遗漏变量的内生性偏误问题，相关文献以固定效应模型控制了行业层面固定效应对以上命题进行了进一步探究。Spence（1984）以企业创新行为作为研究背景，探究企业 R&D 对于价格成本边际的影响，研究表明企业可以通过自身研发或者学习竞争者的现有研发成本积累知识降低边际成本水平，该文进一步将行业集中度和研发激励的交互效应纳入模型中加以刻画，理论模型结果是行业集中度对研发激励存在近似倒"U"形的关系，在此基础上考虑了政府补贴对研发激励进而价格成本边际的作用。Domowitz 等（1986）使用了美国 284 个行业的面板数据对价格成本边际的实证研究结果显示，虽然在高集中度和低集中度行业中存在较大价格成本边际差异，但是这种差距在 20 世纪 70 年代呈现缩小的趋势。该文认为这种趋势是因为外部需求冲击引致的，高集中度行业价格成本边际存在顺周期性，相对而言价格调整更为快速，而单位成本调整存在较大粘性，该文认为除了简单引入行业集中度解释价格成本边际外，还应考虑其他行业层面变量（例如工资水平、存货决策等）的影响。

第二节　加成率的测度方法

加成率的测度方法按照研究对象的层次来分，可以分为宏观层面加成率测度方法、产业层面加成率测度方法、企业层面加成率测度方法和企业—产品层面加成率测度方法。其中宏观层面测度方法的理论基础是动态随机一般均衡模型（DSGE），通过建立具有微观基础的理论模型测算整个经济体的加成率水平及波动情况。产业层面加成率测算方法大致可以分成两种：直接法和间接法，直接法通过产业组织理论或者会计学理论构建加成率表达式，间接法通过测算价格成本边际等近似指标进行反推。企业层面和企业—产品层面加成率测算一直是困扰学界的难题，这一支研究目前仍是实证产业组织理论的前沿领域。

一　宏观层面加成率的测度方法

作为开放宏观动态随机一般均衡模型的开山之作，Obstfeld 和 Rogoff（1995）通过构建一个两国开放模型，将厂商垄断竞争和市场价格粘性引入基准模型，深入研究了货币政策和财政政策对于宏观加成率的影响。由于采用的是常替代弹性（CES）效用函数，因此该文测算的宏观加成率是假定行业内部的同质性，其结论进一步证实汇率波动会引致长期宏观加成率调整。在这一理论模型基础上，Yun（1996）进一步将通货膨胀、商业周期以及货币供给等因素纳入基准模型加以研究，该文指出宏观经济平衡状态的加成率表达式是边际成本的倒数，并通过美国第二次世界大战后的经验数据测算了宏观加成率水平。上述文献虽然已经可以测算宏观层面加成率水平，但是存在较为明显的计量偏误。Ireland（2001）通过引入调整成本（Adjustment costs），运用最大似然估计（Maximum likelihood estimation）改进了较早研究的潜在偏误。由于早期 DSGE 模型设定的问题也可能对估计结果产生不利影响，Smets 和 Wouters（2004）提出了一个基于贝叶斯估计（Bayesian estimation）的 DSGE 模型，通过这一创造性设定该文深入研究了欧元区宏观经济变动（包括宏观加成率的波动情况）。同样基于贝叶斯估计，Fujiwara 等（2011）将经济体中技术进步因素纳入基准模型，假定技术进步服从一阶自相关［AR（1）］随机分布，理论模型推导出的宏观层面加成率表达式与资本劳动比和全要素生产率正相关、与工资率负相关。Epifani 和 Gancia（2011）则是通过测算价格成本边际间接估计宏观层面加成率水平，通过对经济体中服务业和制造业部分的分类，该文发现了经济发展水平对服务业和制造业加成率水平之比存在负向影响。基于非 CES 效用函数框架，Dew-Becker（2014）通过引入 Epstein-Zin 效用函数和债券定价行为，该文进一步拓展了宏观层面测算加成率的相关文献。由于贸易量占全球经济的比重较大，忽视贸易开放对行业加成率的影响可能引致测量偏误，Epifani 和 Gancia（2011）基于开放条件下的两国市场模型，理论模型考虑了贸易开放下的竞争加剧效应，测算结果表明加成率差异可能反映了不同行业的替代弹性，存在较高加成率行业的产出缺口和较低加成率行业的产出过剩现象，国际贸易会导致行业层面加成率收敛，从而改善资源配置效率。

二　行业层面加成率的测度方法

行业层面加成率测度早期研究的背景，主要是基于市场结构对行业加成率的影响。Hall 等（1986）在 Solow（1957）模型基础上假定技术进步服从固定增长率、行业内部企业加成率相同，在此基础上提供了行业层面加成率测算表达式。该测算方式依赖于投入—产出表数据，因此只能提供部分年份行业加成率估计值。该文进一步指出行业层面加成率水平受到贸易条件、消费和投资波动与政府政策影响。在此基础上，Hall（1998）假定生产者是规模报酬不变的，市场中存在不完全竞争关系，该文通过构建一个简单的生产函数求解行业层面加成率。不同于早期文献中较强的假定，在进一步讨论中该文放宽了对规模报酬不变的设定，并且考虑了排除中间品投入影响的工业增加值模型设定方式，解决了一系列计量模型设定偏误和资本度量误差问题，提升了行业加成率测算的准确性。通过近似的测算方法，Hall（1989）进一步对索罗剩余的不变性进行了深入研究，该文认为由于忽视了市场势力对技术进步的影响，原有的Solow 模型设定存在一定偏差，该文将固定成本、规模报酬递增等更符合现实经济的设定纳入模型，并指出数据误差和不可观测的劳动力努力程度可能影响行业加成率测算的准确性。

在 Hall（1986）的基础上，Domowitz 等（1988）同样对行业市场势力进行了深入研究，在借鉴 Hall（1986）模型基础上，该文从以下几个维度进行了扩展：一是重点关注制造业行业加成率，通过测算美国 284 个 4 位码制造业行业的市场势力，更为准确地反映不同行业的广泛差异性；二是将商业周期性纳入原有框架加以讨论，并且考虑了进口竞争和联盟对行业市场势力的影响；三是将中间品投入（主要包括原材料等）纳入生产函数进行测算，对原有模型进行了有效修正。Domowitz 等（1986）基于商业周期理论研究了行业集中度对价格成本边际的影响，同样基于美国 1958—1981 年 284 个4 位码行业数据，本书在纳入行业存货变动的修正测算模型基础上对各阶段的价格成本边际进行了研究。通过加成率和价格成本边际的表达式转换，该文提供了一种基于会计法的简便行业加成率测算方法。但是这种方法最大问题是受到行业层面数据质量影响较大，且存在较大的测算误差。基于对 Hall（1986；1988）行业加成率测算模型和测算结果的质疑，Waldmann（1991）指出由于显示数据存在的问题，可能导致基于 Hall 模型的测算结果偏误。其核心观点是由于 Hall 模型使用工业增加值或者总产出数据作为被解释变量，然而这些变量的度量误差可能导致原有生产函数估计存在内生性问题，该文认为尽管 Hall 模型从概念上是准确的，但是在使用实际数据进行测算时需要对原数据进行调整。由于 Hall 模型仅考虑资本和劳动力两种生产要素，忽视了中间品投入对产出的影响，Norrbin（1993）将 Hall 模型扩展为一个三要素生产函数形式，该文认为此时的残差项是真正的索罗剩余，在此基础上基于调整后的模型对美国行业层面加成率进行了测算，经验结果显示行业中确实存在大于 1 的加成率水平，但是绝对值比 Hall（1986；1988）测算结果显著低，该文指出这归因于 Hall 模型忽视了中间品投入对产出的影响，因而进一步提升了行业加成率测算准确度。Hall 模型主要基于生产函数，其经济学原理是厂商追求利润最大化，作为这一命题的对偶命题成本最小化问题在原模型中并未进行研究，Roeger（1995）弥补了这一研究空白。假定市场存在不完全竞争，厂商选择特定生产要素最小化成本，该文放松了 Hall 模型中较为严苛的假定条件，在此基础上对行业层面加成率水平进行了测算，结果显示与生产函数模型基本一致，进一步支持了 Hall 模型中基本结果。并且发现基于对偶命题的企业全要素生产率（TFP）测算中存在的差距，绝大部分可以用不完全竞争解释。上述模型均是基于代表性企业模型，忽视了企业存在的异质性，其加总结果值得商榷，Basu 和 Fernald（1997）基于异质性企业设定对行业层面加成率进行了研究，该文将技术进步因子直接纳入生产函数，而非直接设定为希克斯中性，结果表明行业加成率之间存在广泛差异，特别是耐用品和非耐用品之间。Morrison（1992）将行业产能利用率纳入原模型加以研究，结果显示在呈现经济增速下降的经济体中测算行业加成率水平，需要充分考虑产能利用率和规模报酬等因素的影响。上述模型对于企业生产函数设定存在较强假定，Klette（1999）进一步放宽了生产函数设定，使用了超越对数生产函数（Translog production function）、准固定资本和异质性企业模型，对行业层面加成率测算进行了改进，推进了有关行业市场势力的相关研究。

三　企业层面加成率的测度方法

企业层面加成率测算一直是困扰学界的一大难题，主要原因是：其一，理论模型的匮乏和较强的假定，由于早期有关企业生产函数的设定基本是 CES 形式，因此在同一行业内部不存在加成率差异，即行业内部并不存在加成率的异质性；其二，微观层面数据的匮乏和相对局限性，由于微观数据不易得，因此有关企业层面加成率的文献无法进行实证研究，仅有的少数企业层面数据大都基于抽样调查，存在潜在样本选择性偏误。自从异质性企业贸易理论兴起以来，对于企业层面异质性的研究成为当前国际贸易理论和产业组织理论的前沿领域（Melitz，2003；Bernard et al.，2003）。Melitz（2003）模型虽然引入了企业生产率异质性分布，并对贸易后的福利效应进行了拓展，但是显著的缺陷之一是假定企业加成率同质，即不存在企业市场势力差异性。这一问题在 Melitz 和 Ottaviano（2008）模型中得到了较好处理。MO 模型假定消费者效用函数是二次项的拟线性形式（Quadratic production function），此时商品间替代弹性是可变的，根据理论模型的结果显示企业的加成率水平与其生产率呈正相关关系，与市场进入门槛值呈负相关关系。MO 模型结果证实了企业层面加成率存在异质性，这就为实证测算企业层面加成率提供了理论基础。

企业层面加成率的测算方法可以简单分为两种：直接法和间接法。其中直接法采用企业层面价格和成本数据直接计算加成率。Atkin 等（2015）通过一个企业层面调查数据对巴基斯坦 135 家足球制造企业的加成率进行了直接测算，其基本设定是：加成率＝价格/平均成本，由于该调查数据直接可得价格和平均成本信息，因此直接做比可得企业加成率估计值。然而，直接法研究存在较强的样本选择性问题，只能对较少样本的调查数据进行研究，无法对全样本的企业层面数据进行测算。间接法提供了在企业成本信息缺失的情况下估计加成率的方法，其中较为主流和成熟的一支是以生产函数为基础的结构方程模型（Structural equation model）估计方法。De Loecker 和 Warzynski（2012）在 Hall（1988）模型基础上通过构建一个结构方程模型对企业层面加成率表达式进行了推导，其核心设定是成本最小化问题，即企业可以通过控制某些投入要素（通常是劳动力或者中间品投入）数量实现成本最小化，这一设定符合经济学基本原理，并且可以适用几乎所有市场结构类型，因而该加成率测算模型（以下简称 DLW 法）具有一定通用性。由于潜在生产率冲击的不可观察性，DLW 法借鉴了半参数估计的相关研究成果（Olley & Pakes，1996；Levinsohn & Petrin，2003；Ackerberg et al.，2015），对企业生产率冲击过程进行了设定，假定除了受到上一期加成率影响外，还会受到企业出口和研发行为的影响，另外该文基准模型采用了超越对数生产函数，并对工业产出观测值进行了调整，最后通过广义矩估计（GMM）对企业加成率进行了估计。DLW 法较为成功地解决了企业层面加成率测算的难题，目前是最为主流的企业加成率估计模型之一，但是也有文献指出 DLW 法存在的主要缺陷：一是需要选择一种可充分调整（Free to adjust）生产要素；二是假定所有企业都采用成本最小化原则；三是数据缺失问题，由于无法观测企业工业总产出数据，DLW 法通过调整后工业总产值替代可能存在偏误（Deng & Chen，2016）。De Loecker 和 Goldberg（2014）通过构建一个简单的开放宏观模型，将企业加成率的决定因素归结为需求面和供给面，为 DLW 模型的改进提供了有益方案。Lu 和 Yu（2015）运用 DLW 法对中国企业加成率进行了测算，其基本设定借鉴 DLW 法，根据中国的实际国情进行了相应调整，主要是考虑了国有企业存在人员调整不充分的问题，这一扩展同样适合于类似中国的转轨国家或地区。Guillou 和 Nesta（2015）基于利润最大化模型对 DLW 法进行了改进性运用，结果基本和 DLW 法一致，这证实了 DLW 法的广泛适用性。由于 DLW 法主要是将企业生产率和加成率纳入同一体系进行研究，但是忽视了需求层面变量对企业加成率的潜在影响，基于此，Forlani 等（2016）将产品质量、生产率和加成率纳入同一结构方程模型，该文将需求冲击因素引入基准模型加以研究，构建了企业产品质量关于加成率的表达式，进一步扩展了企业加成率测算方法的文献。以上文献均是以微观企业为研究对象，Edmond 等（2015）基于企业层面加成率测算模型，在此基础上进行了行业层面和宏观层面加总。企业层面测算研究发现贸易存在较为显著的竞争加剧效应，该文针对不同的企业生产率分布进行了稳健性研究，进一步改进了宏观层面加成率测算的微观基础。Hottman 等（2016）基于一个嵌套的 CES 函数对企业加成率进行了测算，该模型的最大特点是在一个统一框架内对企业产品质量、边际成本和加成率进行估计，并以博弈论为研究基础探讨在伯川德竞争和古诺竞争下企业的加成率决定。

四　企业—产品层面加成率的测度方法

虽然企业层面加成率测算将这一领域拓展到了微观，但是仍然存在一个显著的问题，即企业的多产品生产决定同一企业内部各产品之间的加成率可能存在差异性，单纯计算企业层面加成率可能存在潜在偏误。已经有不少文献对多产品企业的相关异质性进行了理论研究（Bernard et al.，2010；Eckel & Neary，2010；Mayer et al.，2014；Manova & Yu，2017），因此最新的文献开始研究企业—产品层面加成率，最具代表性文献 De Loecker 等（2016）创造性地通过构建结构方程模型，运用企业—产品层面数据对印度工业企业产品层面加成率进行了测算，模型构建方法和识别手段基本与 DLW 法一致，但是考虑了企业投入品和产出品的质量差异，因而进一步拓展了微观加成率测算的文献。借鉴 De Loecker 等（2016）的加成率测算方法，结合中国工业企业产品产量数据，有文献对中国工业企业产品层面加成率进行了测算，为控制贸易自由化对企业中间品投入需求函数的影响，并进一步纳入了企业进口中间品和出口品的平均关税率，控制中国各年份较大程度关税减让的影响（Zhang & Zhu，2017；Fan et al.，2018）。Hottman 和 Monarch（2017）根据理论模型推导了产品层面加成率表达式,在行业层面需求弹性估计基础上,对上述产品层面加成率进行了测算。基于相似的模型设定,Gervais(2015)针对产品层面加成率进行了测算,并构建了与产品质量测算相关联的结构模型。不同于上述基于结构方程模型的框架,Lamorgese 等(2015)在 Foster 等(2008)的实证框架下对企业—产品层面加成率估算结果表明,不同行业存在显著差异性的加成率水平。

上述文献均是基于供给面的企业—产品层面加成率估计方法,Mrázová 等(2017)基于不同的效用函数设定,从需求面出发对企业—产品层面加成率测算方法进行了扩展,研究发现相比于不同的企业生产函数形式设定,效用函数对于加成率测算的影响更大,该文进一步从常边际收益替代弹性(CREMR)、超越对数和线性效用函数等不同情境下,对企业—产品层面加成率测算进行比较分析。

第三节 出口企业加成率的决定因素

与本书直接相关的一支文献是关于出口企业加成率决定因素的相关研究。Melitz 和 Ottaviano(2008)创造性地将企业可变加成率纳入异质性企业贸易理论模型加以研究,为出口企业加成率决定因素的研究提供了重要文献支撑。在此基础上,大量有关出口企业加成率决定因素的相关文献开始兴起。其中,与本书研究领域直接相关的是三类文献,即出口贸易对企业加成率的影响、进口中间品对出口企业加成率的影响和产品创新对出口企业加成率的影响。

一 出口贸易对企业加成率的影响

出口对企业加成率的影响一直是困扰国际贸易理论界的一大难题。一方面,根据 Melitz(2003)的结果显示,出口企业在生产率方面存在显著异质性,表现为出口企业需要更高的生产率水平克服较高的出口固定成本;另一方面,由于前置文献均是基于 CES 生产函数形式，行业内部不存在加成率异质性，企业间不存在市场势力差异。这一设定显然违背了经验事实，直到 Melitz 和 Ottaviano（2008）使用二次型的拟线性效用函数才将企业加成率与生产率的关系内生化，其模型结果是生产率与企业加成率呈正相关关系，因此更高生产率的企业加成率越高，由于出口企业具有"自选择效应"，生产率水平更高，因而出口企业的加成率高于不出口企业。该模型的设定体现了"竞争加剧效应"，即随着当地市场规模的扩大，竞争者数量增加，企业的加成率降低。在 MO 模型基础上，Antoniades（2015）将出口企业质量阶梯（Quality ladder）纳入该模型加以深入研究，该文发现当出口企业面临更大的市场规模时，可能会选择更高的均衡质量水平，从而获取更高的加成率，这一质量升级选择受到企业生产率水平和特定行业升级难易程度的影响，当存在出口市场更高的质量阶梯斜率时，出口企业的加成率水平会高于不出口企业。由于 MO 模型基于一种特殊的效用函数设定（拟线性效用函数），因而存在一类文献对不同效用函数形式下出口企业加成率决定进行研究。Holmes 等（2014）以一个扩展的李嘉图（Ricardian）模型对贸易后的福利效应进行了研究，该文以商品间的加成率作为配置效率（Allocative efficiency）的代理变量，研究发现贸易会促进配置效率提升，进一步从价格渠道和成本渠道的分析发现，主要是成本渠道的影响造成了这一配置效率提升。Bertoletti 等（2016）使用间接可加性效用函数（Indirectly additive preferences）对出口企业加成率的研究发现，此时不存在 MO 模型中"竞争加剧效应"的设定，出口企业的加成率水平由当地市场的人均收入水平决定，当企业出口至高收入经济体时，可获取更高的加成率水平。上述理论文献主要基于静态分析，从出口状态出发研究对企业加成率的影响，但是忽视了从动态方面的研究。Impullitti 和 Licandro（2017）基于动态模型设定，假定出口企业在面临市场竞争的情况下加成率下降，即出现"竞争加剧效应"，此时出口企业可能有动机进行研究和开发（R&D）来实现工艺创新，提高生产率水平。该文通过一般均衡模型分析表明，更高生产率的企业由于"自选择效应"进行研发活动，从而促进了长期经济增长和自身加成率水平提升。

　　相比于理论模型的研究，有关出口企业加成率的实证文献更为丰富。其中 De Loecker 和 Warzynski（2012）提出的有关生产函数法测算出口企业加成率方法（DLW 法）为这类文献提供了重要基础。该文的实证部分对斯洛文尼亚微观企业数据进行了分析，结果表明总体上出口企业的加成率水平显著高于不出口企业，进一步研究发现出口的进入和退出行为也会影响企业加成率水平。Lu 和 Yu（2015）通过中国工业企业数据对贸易自由化冲击下，企业加成率的变动进行了实证研究，结果表明，加入 WTO 后，中国出口企业的加成率水平显著下降，即验证了 MO 模型中指出的"竞争加剧效应"。该文的被解释变量是加成率离散程度，通过准自然实验的设定方式，较好地解决了内生性问题对计量模型的影响。类似的研究包括 Guillou 和 Nesta（2015），该文实证研究了法国企业在欧元区建立后的加成率影响，结果表明随着出口竞争增加，企业加成率水平显著下降。Bellone 等（2016）基于法国出口企业的研究发现，出口企业加成率决定受到质量差异和空间集聚性影响，出口企业质量水平与其加成率呈正相关，而厂商所在地空间集聚程度越高、市场竞争越激烈，加成率水平越低。Kilinç（2014）基于非对称市场设定，假定本国是一个开放型小国（Small open economy），出口目的地是一个大国，存在这样设定情况下会出现内销企业加成率大于出口企业的情形，其解释是一方面较小的国内市场缺乏市场竞争；另一方面较大的出口市场和较低的贸易壁垒促使更多企业参与出口，因而可能降低平均加成率水平。Gullstrand 等（2014）使用瑞典 1997—2006 年食品加工企业产品层面数据对加成率的区域异质性进行了实证研究，结果发现企业加成率除了受到自身生产情况影响外，还会受到出口目的地经济变量的影响，平均意义上出口企业加成率水平更高。

二　进口中间品对出口企业加成率的影响

目前研究进口中间品对出口企业加成率影响的文献还较为鲜见。一类文献从进口竞争角度出发，研究从中国的进口是否冲击另一国出口企业加成率。Bugamelli 等（2015）研究从中国进口对意大利本国企业加成率影响，实证研究发现中国进口增长显著降低了意大利本国企业价格增长幅度，结构性研究发现这种价格抑制作用主要发生在低技能密集型行业。Caselli 等（2016）基于一个三国贸易框架对中美贸易增长背景下，墨西哥出口企业所受影响进行研究，经验结果证实由于中国对美国出口增长，墨西哥出口企业加成率显著下降，验证了 MO 模型中的"竞争加剧效应"。该文进一步检验了墨西哥出口企业在面临进口竞争下的质量升级选择，实证研究发现加成率降低背景下有利于促使出口企业提升产品质量，增强出口竞争力。

还有一类文献从静态和动态视角出发对进口中间品的"加成率效应"进行检验。其中从静态模型的基础出发，黄先海等（2016a）通过构建一个包含中间品的生产函数对进口中间品企业加成率进行了理论分析，结果表明由于进口中间品包含更多种类、更优质量，因此可以通过生产率渠道影响该企业加成率水平。实证结果证实中国存在中间品进口企业"低加成率之谜"，表现为平均意义上进口中间品企业加成率低于非进口中间品企业，该文进一步通过贸易方式的角度对上述谜题进行了解释，认为由于中国存在的加工贸易（主要包括进料加工和来料加工），因此出口企业普遍不具有定价权，通过较低全球价值链地位进入国际市场，广泛的内部和外部融资约束进一步导致部分高生产率企业选择加工贸易出口，所以造成了违背理论模型的"低加成率之谜"。从动态化的中间品进口对企业加成率影响角度出发，也有几篇文献初步进行了实证研究。诸竹君（2017a）通过中国工业企业—海关匹配数据对进口中间品后企业加成率动态进行实证研究发现，总体上进口中间品后企业加成率显著下降，分贸易方式的结果表明一般贸易进口中间品显著提升企业加成率水平，而加工贸易和混合贸易导致企业加成率显著下降。该文还进一步论证了中国进口中间品企业主要受到价格渠道影响，所以导致加成率下降。基于相近的研究背景，有文献从中国加入 WTO 这一贸易自由化事件出发对进口中间品的"加成率效应"进行研究。毛其淋和许家云（2017）通过中国加入 WTO 这一准自然实验对进口中间品冲击的影响进行了实证研究，结果表明总体上进口中间品自由化促进了中国企业加成率提升，但是在时间趋势上存在倒"U"形变动特征，对中间机制的研究发现进口中间品自由化后可能通过产品质量升级和生产效率提升这两个渠道提升企业加成率，该文还发现地区市场化程度也会影响"加成率效应"的程度。Fan 等（2018）同样基于中国加入 WTO 这一事件进行的准自然实验发现，总体上进口中间品自由化提升了出口企业加成率水平，该文指出主要通过成本渠道引致这一效应，在基准模型研究基础上该文还通过中国特有的加工贸易和一般贸易，以加工贸易企业作为安慰剂实验（Placebo test）进一步增强了准自然实验结果的稳健性。

三　产品创新对出口企业加成率的影响

已经有不少文献研究了产品创新对企业绩效的影响，主要的一支文献是从企业生产率角度出发的相关研究。当前，理论界对创新与出口企业生产率之间的关系尚无共识。一种观点认为出口企业产品创新不能显著提升生产率水平，而工艺创新有显著影响（Lee，2008），另一种观点则验证了仅产品创新会影响企业生产率（Cassiman et al.，2010；Duguet，2006）。但更多研究支持两类创新均促进生产率提升（Biesebroeck，2005）。直接研究创新行为对企业加成率影响的文献较为鲜见，Cassiman 和 Vanormelingen（2013）基于西班牙的一项调查数据对工艺创新和产品创新的"加成率效应"进行实证研究，结果表明产品创新的边际效应值约为 5.1%，通过提升消费者效用水平和价格实现加成率上升。而工艺创新的边际效应值约为 3.8%，该文认为这是因为不完全的边际成本降低效应造成的。该文进一步指出创新行为对企业加成率的效应会受到专利和广告行为影响，并且企业产品创新的"加成率效应"会存在累积性。Chenavaz（2011）通过建立一个连续情景下的理论模型对企业创新行为对定价的动态影响进行了研究，结果表明只有工艺创新会动态提升企业产品定价，而产品创新不存在明显的影响。Chenavaz（2012）在上一篇文献基础上，使用不同效用函数设定对于产品创新和工艺创新的动态定价效应进一步进行分析，研究发现在可加性分离效用函数（Additive separable demand function）情况下产品创新和工艺创新都能提升企业定价，当企业面临可乘性效用函数（Multiplicative separable demand function）情况下只有工艺创新才能提升企业定价。刘啟仁和黄建忠（2016a）认为产品创新通过"市场份额效应"和"成本效应"提升企业加成率水平，"市场份额效应"会降低需求价格弹性，"成本效应"可降低企业边际成本，基于中国工业企业数据的实证研究发现"成本效应"弱于"市场份额效应"。诸竹君等（2017b）同样探究产品创新的"加成率效应"，实证分析表明产品创新显著提升了企业加成率水平，在此基础上基于扩展的 MO 模型，该文进一步将企业产品质量纳入模型加以讨论，研究发现产品创新对企业加成率的影响存在"U"形曲线关系，当产品创新带来的质量升级较低时会弱化企业加成率水平，当产品创新突破一定质量升级"门槛值"时，产品创新可提升企业加成率。

第四节　中国出口企业加成率的前置研究

有关中国出口企业加成率的文献目前仍处于研究前沿，已有少量文献对中国出口企业加成率的相对高低、加成率的决定因素及其动态效应进行了研究。其中针对中国出口企业加成率的高低，根据 MO 模型的推论应是出口企业具有更高的加成率水平，但是实证研究结果发现中国企业存在"低加成率陷阱"现象。盛丹和王永进

（2012）采用中国工业企业数据库对出口企业加成率相对高低进行了研究，经验数据显示在纳入行业层面和企业层面控制变量后，出口企业加成率显著低于不出口企业，该文指出这说明中国企业存在显著的低价出口现象。进一步的机制分析发现，中国广泛存在的偏向性贸易政策（比如出口退税和出口补贴）可能是造成低价出口现象的主要原因，该文同时指出低价出口增加了中国出口企业被反倾销调查的可能性。基于相同的研究主题，以下文献分别从不同的渠道对这一"低加成率陷阱"进行了解释。刘啟仁和黄建忠（2015）在MO模型基础上，深入分析了出口企业加成率更高的主要机制，提出中国视域下可能存在违背经典假定的现实环境，广泛存在的市场分割可能导致中国出口固定成本小于内销固定成本，从而存在反向排序（Sorting），这是导致"低加成率陷阱"的重要因素。黄先海等（2016b）同样基于MO模型进行扩展，将企业最优产品质量选择纳入模型加以研究，发现即使不考虑贸易政策等外生因素，企业从国内市场进入出口市场会面临质量选择，在假定出口市场规模更大的前提下，企业可能面临"竞争加剧效应"和"质量升级效应"同时作用，出口是否提升企业加成率取决于该企业是否跨越一定"生产率门槛值"，因而出口行为对企业加成率的影响是非线性的。钱学锋等（2015a）将出口退税政策引入MO模型进行分析，理论研究发现当存在出口退税政策时企业更有激励进入出口市场，出口市场和内销市场因此会产生资源错配，过多企业集中至出口市场是导致"低加成率陷阱"的重要原因，实证分析结果显示出口退税率上升的边际作用约为21.3%。从不同企业所有制类型视角出发的研究发现，外资企业的转移定价行为是造成这类所有制企业出口加成率较低的重要原因（Zhang & Zhu，2017），该文进一步指出由于出口企业中外资企业占比较高，因此造成全样本"低加成率陷阱"的实证结果。

从出口企业动态行为出发，祝树金和张鹏辉（2015）对中国出口进入后的加成率变动进行了研究，实证结果表明出口行为动态显著降低了中国出口企业加成率，分要素密集度的回归发现，只有资本密集型行业出口后加成率显著提升。该文进一步通过倾向得分匹配（PSM）对上述出口企业和不出口企业进行匹配后的结果仍然显著支持这一动态结果。Lu 和 Yu（2015）通过对中国出口企业贸易自由化过程中的动态效应研究后发现，贸易自由化存在显著的"竞争加剧效应"，加入 WTO 后使得中国出口企业加成率分布离差减小。余淼杰和袁东（2016）通过准自然实验发现，中国自身最终品关税的下降会降低出口企业加成率，但是国外关税和中间投入品关税下降则会增加企业加成率。

　　基于汇率变动对出口企业加成率的影响也有一定量文献，研究发现汇率波动可能对出口企业加成率产生显著影响（刘啟仁和黄建忠，2016b；向训勇等，2016；Li et al.，2015）。刘啟仁和黄建忠（2016b）通过中国 2005 年汇改的准自然实验针对人民币升值对出口企业加成率离散度（Dispersion）影响进行研究，实证结果表明汇改后由于人民币升值，导致中国出口企业加成率分布离散度显著下降，资源配置的优化程度显著提升，特别是对垄断行业中的低生产率企业产生一定的倒逼效应，减轻了资源配置扭曲程度。基于同样的问题，后续研究从影响机制方面进行更为深入的检验，其中毛日昇等（2017）指出人民币升值通过出口开放和进口竞争两大渠道分别作用持续性出口企业和进入、退出企业，分解效应显示持续性出口企业加成率离散度提升，而进入、退出企业降低了行业加成率离散度，加总效应显示总体上负向效应大于正向效应，表现为实际汇率上升，加成率离散度下降。刘竹青和盛丹（2017）则认为人民币汇率上升，分别降低了持续性出口企业和进入、退出企业加成率离散度，主要通过价格渠道和成本渠道影响了行业加成率分布，对持续性出口企业影响大于进入、退出企业。向训勇等（2016）利用中国工业企业—海关匹配数据对汇率变动的传递效应进行实证研究，结果发现汇率上升会显著降低出口企业加成率水平，但是这种负向作用会随着生产率提升而弱化。Li 等（2015）基于相同的数据的研究表明，由于存在较为强烈的汇率传递效应（Exchange rate pass-through），

2005 年汇改后中国出口企业定价显著提升，但是由于出口量对汇率变动反应并不敏感，因此人民币升值未能有效调整中美贸易不平衡。

第五节 简要述评

出口企业加成率目前仍是产业组织理论和国际贸易理论研究的前沿，对于开放条件下加成率的理论刻画与实证测算，一方面可以发现新的贸易利得，不断完善对国际贸易福利效应的认识；另一方面，加成率的研究过程进一步打开了企业的"黑盒子"，增加了从微观层面分析企业异质性的维度（钱学锋和范冬梅，2015b）。截至目前，学界已经对加成率的内涵进行了深入研究，在此基础上对加成率（或者价格成本边际）进行了早期研究。在理论研究基础上，针对加成率的测算研究也开始兴起，从不同的研究维度出发已经对宏观层面、产业层面、企业层面和企业—产品层面加成率测算进行了研究。除了直接研究加成率内涵和测算方法的文献外，还有文献针对加成率的决定因素进行深入研究，与本书直接相关的文献包括出口贸易、进口中间品和产品创新对出口企业加成率的影响。在借鉴国外研究基础上，研究中国出口企业加成率的文献发现存在"低加成率陷阱"现象，并以此为研究背景对造成这一"陷阱"的原因进行了深入探讨。但是，基于理论模型和实证研究的局限性，目前的研究还存在以下不足以及可能扩展方向。

（1）国内外学者大都从宏观或者产业视角切入研究加成率问题，相对缺乏对微观企业加成率的研究，特别是较少涉及企业加成率的变动机制研究。虽然 MO 模型已经初步刻画了企业可变加成率，但是模型的关键是引入拟线性效用函数，在不同的效用函数设定下，是否存在可变加成率的差异性？除了生产率之外，是否存在其他重要的企业层面决定因素？

（2）缺乏对发展中国家出口企业加成率的测度研究，以往国外文献大都从发达国家入手，相对一致的学术观点是出口企业的加成率水平高于不出口企业（De Loecker & Warzynski，2012；Bellone et al.，2016）。但是，作为发展中国家的中国是否会有相似的结果，需要经验数据的检验。如果存在中国出口企业"低加成率陷阱"，那么具体的作用机制如何？除了中国特有的政策环境以外，是否还有其他可能的理论解释？

（3）以往文献主要分析了出口行为对企业加成率的影响，其理论基础是 MO 模型，但是现有理论模型和经验结果都未能回答进口中间品如何影响企业加成率。进口中间品是否能提升企业加成率水平？如果可以提升，是否存在子样本间的异质性？如果是，其中的理论机制具体如何？

（4）中国与发达国家贸易的不同点之一在于存在较为广泛的间接出口，即通过贸易中间商进行出口，这一现实情境与 MO 模型设定存在较大差异，是否存在不同贸易方式（直接出口和间接出口）下企业加成率决定的差异，这还需要理论研究和实证检验。

（5）现有文献以静态分析为主，缺乏对企业进入国际市场后加成率动态化研究，在"一带一路"倡议背景下我国进一步提升贸易便利化和贸易自由化程度，研究出口和进口中间品之后企业加成率的动态演进情况，一方面可以拓展企业加成率研究的范畴，另一方面对于我国贸易政策的制定和完善具有一定借鉴价值。

（6）出口企业产品创新是否会影响加成率水平，以往文献忽视了创新行为对外向型企业加成率的影响，特别是缺少能够将产品创新和出口企业加成率纳入一个体系的理论模型。在我国深入实施"创新发展""开放发展"理念的背景下，很有必要对产品创新行为对出口企业加成率的影响及其动态效应进行深入研究，为我国创新驱动和贸易转型升级战略提供政策建议。

第 三 章

加成率的测量模型：基于生产函数法

本章借鉴 De Loecker 和 Warzynski（2012）、De Loecker 等（2016），基于生产法测算中国工业企业加成率。其中首先介绍直接基于收入法的企业层面加成率测算方法；其次介绍根据中国工业企业产品产量数据，运用数量法测算企业—产品层面加成率的方法。

第一节 企业层面加成率

借鉴 DLW 法，采用结构方程模型的方法对中国企业加成率进行估算。DLW 法的基本原理是通过构造成本最小化问题求解企业加成率，假定行业 j 中企业 i 在 t 时期的生产函数是：

$$Y_{ijt} = Y_{ijt}(X_{ijt}^1, \cdots, X_{ijt}^n, K_{ijt}, tfp_{ijt}) \qquad (3-1)$$

其中 Y、X 和 K 分别表示企业总产出、各种中间投入要素和资本总量，式（3-1）表示生产率为 tfp 的企业生产技术，假定企业的生产率是希克斯中性的（Hicks-neutral）。假定企业 i 通过优化配置中间投入要素实现成本最小化，其拉格朗日方程为：

$$L(X_{ijt}^1, \cdots, X_{ijt}^n, K_{ijt}, \lambda_{ijt}) = \sum_{n=1}^{N} P_{ijt}^{X^n} X_{ijt}^n + r_{ijt} K_{ijt} +$$
$$\lambda_{ijt} [Y_{ijt} - Y_{ijt}(\cdot)] \qquad (3-2)$$

其中 P^{X^n} 和 r 表示第 n 种中间投入要素价格和利息率，λ 表示拉格朗日乘子，根据成本最小化的一阶条件可得：

$$\frac{\partial L_{ijt}}{\partial X_{ijt}^n} = P_{ijt}^{X^n} - \lambda_{ijt} \frac{\partial Y_{ijt}(\cdot)}{\partial X_{ijt}^n} = 0 \tag{3-3}$$

根据拉格朗日方程特性可知 $\lambda_{ijt} = \frac{\partial L_{ijt}}{\partial Y_{ijt}}$，表示单位产出的生产成本，进一步调整式（3-3）可得：

$$\frac{\partial Y_{ijt}}{\partial X_{ijt}^n} \frac{X_{ijt}^n}{Y_{ijt}} = \lambda_{ijt}^{-1} \frac{P_{ijt}^{X^n} X_{ijt}^n}{Y_{ijt}} \tag{3-4}$$

由于企业加成率的定义式 $\mu_{ijt} \equiv P_{ijt}/\lambda_{ijt}$，结合式（3-4）可得企业加成率的表达式：

$$\mu_{ijt} = \theta_{ijt}^X (\varpi_{ijt}^X)^{-1} \tag{3-5}$$

其中 θ^X 表示企业某种投入要素 X 的产出弹性，$\varpi^X = p^X X/pY$ 表示该种投入要素占企业总产出的比重。根据 DLW 法，该种投入要素需要企业可以充分调整，可以选取企业从业人数、中间品投入等。[①]但中国企业实际情况是劳动力还未能实现充分流动，因此，本书选取中间品投入作为估计企业产出弹性的投入要素（Lu & Yu，2015）。使用超越对数生产函数（Translog）进行参数估计，其优点是可以保证参数估计具有较好柔性（De Loecker & Warzynski，2012；Lu & Yu，2015）。[②] 具体设定如下：

$$\begin{aligned} y_{ijt} = &\beta_l l_{ijt} + \beta_k k_{ijt} + \beta_m m_{ijt} + \beta_{ll}(l_{ijt})^2 + \beta_{kk}(k_{ijt})^2 + \\ &\beta_{mm}(m_{ijt})^2 + \beta_{lk} l_{ijt} k_{ijt} + \beta_{lm} l_{ijt} m_{ijt} + \\ &\beta_{km} k_{ijt} m_{ijt} + \beta_{lkm} l_{ijt} k_{ijt} m_{ijt} + tfp_{ijt} + \varepsilon_{ijt} \end{aligned} \tag{3-6}$$

---

① De Loecker 和 Warzynski（2012）使用中间品投入作为基准模型中可自由调整的投入变量，同时使用了企业从业人数。需要指出的是，企业只需要有一种投入要素是可自由调整的，即可根据该要素最小化成本，从而测算关于该要素的企业加成率，受限要素数量并不影响企业加成率测算。

② 这里超越对数生产函数可以看成对式（3-1）的 2 阶泰勒展开，这种生产函数设定实际包括了所有投入要素 2 次以内的各种生产函数形式，因而具有较好的柔性（flexible）。

其中 l、k 和 m 分别表示企业从业人数、资本存量和中间品投入合计对数值；tfp 和 ε 分别表示企业生产率、不可预期冲击的误差项。首先估计 tfp，根据 Levinsohn 和 Petrin（2003）（以下简称 LP 法）构造中间品投入需求函数 $m_{ijt} = f(tfp_{ijt}, k_{ijt}, V_{ijt})$，其中 V_{ijt} 包括可能影响中间品投入需求的变量。根据 DLW 法 V 中可能包括从业人数、企业出口虚拟变量和创新行为虚拟变量等。中间品投入关于 tfp 是严格增函数，生产率可表示为：

$$tfp_{ijt} = f^{-1}(m_{ijt}, k_{ijt}, V_{ijt}) \tag{3-7}$$

对式（3-7），采用两步估计方法：第一步采用生产率代理变量对模型进行估计，得到预期产量 $[\psi_t(m_{ijt}, k_{ijt}, V_{ijt})]$ 估计值（$\hat{\psi}_t$）和第一步残差项（$\hat{\varepsilon}_{ijt}$）；第二步使用 GMM 估计对式（3-6）进行参数估计。其中第二步为估算生产函数系数，假定 tfp_{ijt} 满足下列 1 阶马尔科夫过程：

$$tfp_{ijt} = g_t(tfp_{ij, t-1}, export_{ij, t-1}, innovation_{ij, t-1}) + \xi_{ijt} \tag{3-8}$$

其中 $export$ 和 $innovation$ 分别表示企业出口和创新行为虚拟变量，根据理论模型上一期企业出口行为和创新行为可能会影响下一期的企业生产率，ξ_{ijt} 表示异质性生产率冲击。中间品投入产出弹性估计值的表达式为：

$$\theta_{ijt}^m = \beta_m + 2\beta_{mm}m_{ijt} + \beta_{lm}l_{ijt} + \beta_{km}k_{ijt} + \beta_{lkm}l_{ijt}k \tag{3-9}$$

式（3-6）可以根据以下矩条件，采用广义矩估计（GMM）：

$$E\left(\xi_{ijt}(\beta)\begin{pmatrix} l_{ijt-1} \\ k_{ijt} \\ l_{ijt-1}^2 \\ k_{ijt}^2 \\ l_{ijt-1}k_{ijt} \end{pmatrix}\right) = 0 \tag{3-10}$$

式（3-10）设定主要参考 Ackerberg，Caves 和 Frazer（2015），这一矩条件设定依据在于企业资本存量是由上一期的生产情况决定，因此不会与企业当期的创新行为有相关性，上一期的企业从业人数也不会与企业当期创新行为存在"反向因果"关系，因此式（3-10）可以采用 GMM 估计，标准差采用 Bootstrap 法计算。

由此可估计企业的加成率 μ_{ijt}。具体测算时需要对中间品投入产出弹性和投入比例的估计值进行调整。由于企业每年的实际产出可能偏离潜在产出，因此根据数据可以观测的企业产出数据 $\tilde{Y}_{ijt}$ 可能并非等于理论模型的计算值。方法如下：结合生产函数估计结果可得中间投入产出弹性估计值 $\hat{\theta}_{ijt}^m$。根据对式（3-6）第一步估计的结果可得残差项（$\hat{\varepsilon}_{ijt}$），可以得到调整后的企业潜在产出 $\tilde{Y}_{ijt}/exp(\hat{\varepsilon}_{ijt})$，进而调整中间品投入比例：

$$\tilde{\varpi} = p^X X/\left[p\tilde{Y}_{ijt}/exp(\hat{\varepsilon}_{ijt})\right] \qquad (3-11)$$

通过以上过程可计算企业层面加成率，该模型的基本设定在于企业选定特定投入要素最小化成本，而并未严格设定企业面临的具体市场结构和生产函数类型，因此具有较强的适用性。但是，该种方法存在的主要问题在于忽视了企业内部产品的异质性，实际是一种企业层面的平均值；另外，采用的是企业价格数据而非产量数据，因此可能导致估计出的价格法企业加成率不符合经济学理论。以下介绍通过中国工业企业产品产量数据克服上述问题的企业—产品层面加成率测算方法。

第二节 企业—产品层面加成率

一 企业数量法加成率

这部分主要介绍基于工业企业数据和工业企业产品产量数据的企业—产品层面加成率测算方法，参考 Lu 和 Yu（2015）首先考虑使用调整投入品价格后的数量法企业加成率。根据式（3-1）重新构建企业生产函数：

$$y_{ijt} = y_{ijt}(x_{ijt}^1, \cdots, x_{ijt}^{n+1}, \beta) + tfp_{ijt} + \varepsilon_{ijt} \qquad (3-12)$$

其中 x_{ijt} 和 β 分别表示企业对数化实际中间要素投入量和生产函数系数。如果已知企业产品产量和投入要素数量，就可以直接估计数量法企业生产函数，进而估计数量法企业加成率。但是，根据中国工业企业产品产量数据，本书仅能获得企业各类产品的实际产量，而无法获得各种投入要素数量信息。因此，本书需要使用处理后的中间投入要素进行数量法加成率估计。第一步，将式（3-13）转化为以下公式：

$$y_{ijt} = y_{ijt}(\bar{x}_{ijt}^1, \cdots, \bar{x}_{ijt}^{n+1}, \beta) + B(pi_{ijt}, \bar{x}_{ijt}^1, \cdots,$$
$$\bar{x}_{ijt}^{n+1}, \beta) + tfp_{ijt} + \varepsilon_{ijt} \qquad (3-13)$$

其中 $\bar{x}_{ijt}$、pi_{ijt} 和 B 分别表示企业平减后的投入要素金额、企业层面投入要素价格和要素投入价格函数。由于数据缺失 pi_{ijt}，实际不可观测，本书借鉴 De Loecker 等（2016）的方法构造了企业层面投入要素价格的函数，基本思路是认为投入要素价格是产出价格（p_{ijt}）、企业市场规模（ms_{ijt}）和出口虚拟变量（$export_{ijt}$）的函数。

$$pi_{ijt} = pi_t(p_{ijt}, ms_{ijt}, export_{ijt}) \qquad (3-14)$$

将式（3-14）代入要素投入价格函数 $B(\cdot)$，可得显性要素价格控制方程：

$$B(pi_{ijt}, \bar{x}_{ijt}^1, \cdots, \bar{x}_{ijt}^{n+1}, \beta) = B\big[(p_{ijt}, ms_{ijt}, export_{ijt}) \times \bar{x}'_{ijt}; \beta, \delta\big]$$
$$(3-15)$$

其中 $\bar{x}'_{ijt} = \{1, \bar{x}_{ijt}^1, \cdots, \bar{x}_{ijt}^n\}$，$\delta$ 表示另外需要估计的系数向量。在此基础上，式（3-13）的显性表达式是：

$$y_{ijt} = y_{ijt}(\bar{x}_{ijt}^1, \cdots, \bar{x}_{ijt}^{n+1}, \beta) + B\big[(p_{ijt}, ms_{ijt}, export_{ijt}) \times$$
$$\bar{x}'_{ijt}; \beta, \delta\big] + tfp_{ijt} + \varepsilon_{ijt} \qquad (3-16)$$

同企业层面生产率设定，生产率运动方程服从 1 阶马尔科夫过程，即式（3-8）。进一步根据式（3-10），可以根据 GMM 估计相关参数。估计企业产品层面加成率的具体步骤同企业层面测算方法。

需要指出的是，由于工业企业存在多产品生产，而根据现有数据无法观测企业在各种产品上的要素投入情况，因此企业—产品层面加成率测算限于单产品企业。

二　出口企业—产品层面加成率

上述重点介绍了基于工业企业全样本的加成率测算方法，主要通过工业企业数据和工业企业产品产量数据得到收入法和数量法企业加成率。这部分结合中国海关数据，在更细致的企业—产品层面探究出口企业—产品加成率测算方法。

借鉴 De Loecker 等（2016）和 Fan 等（2018）的测算方法，结合中国工业企业和海关数据的实际情况构建一种针对出口企业—产品层面加成率测算方法。基本思路如下：

企业 i 在产品 h 上的加成率表达式为：

$$\mu_{iht} = \theta_{iht}{}^{X} (\varpi_{iht}{}^{X})^{-1} \tag{3-17}$$

这一企业—产品层面加成率的推导过程同企业层面加成率，式（3-17）的含义基本同式（3-5）。下面，考虑一个与上文中式（3-12）相同的生产函数：

$$y_{iht} = y_{iht}(x_{iht}^{1}, \cdots, x_{iht}^{n+1}, \beta) + tfp_{it} + \varepsilon_{iht} \tag{3-18}$$

这里参考 De Loecker 等（2016）的设定方法，x_{iht}^{n} 表示生产产品 h 时第 n 种投入要素的数量。生产率 tfp_{it} 在企业层面具有异质性，并且是希克斯中性的。残差项包含了企业—产品层面产出量的测算误差和无法观测的产出冲击项。

由于中国海关数据汇报了出口企业—产品层面数据，但是工业企业数据中并未具体汇报生产特定产品的要素投入情况，因此无法精确观测生产产品 h 的具体投入要素比例。本书假定生产特定产品 h 中投入某种要素（对数化）的比例是 $share_{iht}^{x} = x_{iht} - x_{it}$。据此，可将式（3-18）转化成下式：

$$y_{iht} = y(x_{it}^{1}, \cdots, x_{it}^{n+1}, \beta) + tfp_{it} + \Theta_{iht}(share_{iht}^{x}; x_{it}; \beta) + \varepsilon_{iht}$$

$$\tag{3-19}$$

由于现有数据无法观测企业产品层面要素分配情况，因此 $\Theta_{iht}(share_{iht}^x;\ x_{it};\ \beta)$ 是一个遗漏项，企业层面生产函数系数 β 的估计同上。令生产产品 h 所需的要素投入比例为 $share_{iht}=\ln(\tilde{X}_{iht}/\tilde{X}_{it})$，其中 $\tilde{X}_{it}$ 和 $\tilde{X}_{iht}$ 分别表示企业层面和企业—产品层面投入要素的使用总量（可以价格平减后的要素投入量表示），本书假定这种投入要素比例在各种投入要素上不具有异质性，即不同产品 h 的生产要素投入结构是相同的。在此基础上，为控制企业产出量测算偏差和不可观测冲击项的影响，本书使用企业出口量数据作为主要被解释变量，通过回归的方法得到被解释变量的预测值，回归的变量主要包含企业贸易方式、出口和进口关税、地区层面和行业层面固定效应。

在此基础上，可以计算企业—产品层面生产率冲击，表达式如下：

$$tfp_{iht}^{est}=tfp_{it}+\Theta(share_{iht};\ x_{it};\ \beta)=tfp_{it}+\hat{a}_{it}share_{iht}^{est}+\hat{b}_{it}\,(share_{iht}^{est})^2$$
$$(3\text{-}20)$$

其中式（3-20）中等式右边参数是生产函数估计中系数值的函数。同上，以下本书需要构造足够的矩条件实现参数估计，但是不同于 De Loecker 等（2016）中使用的企业数据，中国工业企业数据中绝大多数企业都非纯出口企业（Pure exporter），因此需要采用 Kee 和 Tang（2016）中的同比例假定，即假设企业出口产品投入要素占比与出口产品总产值占比一致，即出口产品要素占比＝出口额/总产出。式（3-20）中上标 est 表示各变量的估计值。

在此基础上，本书可以估算出口企业—产品层面加成率，表达式为：

$$\hat{\mu}_{iht}=\dot{\theta}_{iht}\times p^X X/[\,p\tilde{Y}_{ijt}/exp(share_{iht}^{est})\,]\qquad(3\text{-}21)$$

三　出口企业加成率结构模型扩展

目前企业出口产品质量的测算主要方法有：单位价格法、需求残差法（Schott，2004；Amiti & Khandelwal，2013；Khandelwal et al., 2013）。其中需求残差法建立在对单位价格法改进基础之上，是目前最为主流的微观层面出口产品质量测算方法。但是在本项目中存在的潜在问题是：由于企业加成率和生产率测算基于的结构方程模型与需求残差法的模型设定存在显著差异，不同体系内测算结果的可比性存疑，因此本项目的基准模型仍然在 DLW 模型基础上，基于同一结构方程体系测算企业加成率和出口产品质量，并作为对DLW 法的扩展。模型具体如下：

假定企业 i 具有 C-D 生产函数，生产要素分别是劳动力（L）、中间品投入（M）和资本（K），根据中国的现实情况设定中间品投入和劳动力是可调整的，而资本短期内难以调整，企业是劳动力价格（P_L）和中间品投入价格（P_K）的接受者。根据上述模型设定，企业 i 短期内处理以下成本最小化问题：

$$\min\{L_i P_L + M_i P_M\}$$
$$\text{s. t. } Y_i = A_i L_i^{\alpha_L} M_i^{\alpha_M} K_i^{\alpha_K} \tag{3-22}$$

式（3-22）中 A_i 表示企业不可观测的全要素生产率，$\{\alpha_L, \alpha_M, \alpha_K\}$ 分别表示劳动力、中间品投入和资本的产出弹性，这一模型设定下企业的生产可以是规模报酬不变或是可变，具有更好的一般性特点。根据企业利润最大化的一阶条件可得：

$$P_x = \chi_i \frac{Y_i}{X_{xi}} \alpha_x \tag{3-23}$$

式（3-23）中 χ_i 是企业利润最大化的拉格朗日乘子，据此可得企业短期的成本函数：

$$C_i = \chi_i \frac{Y_i}{P_L} \alpha_L P_L + \chi_i \frac{Y_i}{P_M} \alpha_M P_M = \chi_i Y_i (\alpha_L + \alpha_M)$$
$$= \left(\frac{Y_i}{A_i}\right)^{\frac{1}{\alpha_L + \alpha_M}} \left(\frac{P_L}{\alpha_L}\right)^{\frac{\alpha_L}{\alpha_L + \alpha_M}} \left(\frac{P_M}{\alpha_M}\right)^{\frac{\alpha_M}{\alpha_L + \alpha_M}} K_i^{1 - \frac{\alpha_L + \alpha_M + \alpha_K}{\alpha_L + \alpha_M}} (\alpha_L + \alpha_M) \tag{3-24}$$

根据式（3-24）可得企业的边际成本满足：

$$\frac{\partial C_i}{\partial Y_i} = \frac{1}{\alpha_L + \alpha_M} \frac{C_i}{Y_i} \tag{3-25}$$

企业面临异质性的效用函数，消费者对不同产品的满意程度定义为产品质量（ Λ_i ），假定企业的效用函数是 CES 型，因而满足以下性质：

$$\frac{\partial \ln P_i}{\partial \ln \Lambda_i} = \frac{\partial \ln P_i}{\partial \ln Y_i} + 1 \tag{3-26}$$

其中 $\frac{\partial \ln P_i}{\partial \ln Y_i} \equiv -\frac{1}{\eta_i}$ ， η_i 表示企业的需求弹性，将消费者效用函数具体化为：

$$\max\left\{ \int_{i \in I} \frac{\eta_i}{\eta_i - 1} (\Lambda_i Y_i)^{\frac{\eta_i - 1}{\eta_i}} di \right\}$$

$$\text{s. t.} \int_i P_i Y_i di = B \tag{3-27}$$

式（3-27）中 B 表示预算约束，根据企业利润最大化的一阶条件可得：

$$P_i \kappa = \Lambda_i^{\frac{\eta_i - 1}{\eta_i}} Y_i^{-\frac{1}{\eta_i}} \tag{3-28}$$

式（3-28）中 κ 表示式（3-27）构成的拉格朗日乘子，进一步整理可得：

$$Y_i = P_i^{-\eta_i} \kappa^{-\eta_i} \Lambda_i^{\eta_i - 1} \tag{3-29}$$

根据企业利润最大化条件可得：

$$P_i = \mu_i \frac{\partial C_i}{\partial Y_i} \tag{3-30}$$

根据式（3-30）可得企业加成率关于需求弹性的表达式： $\mu_i = \eta_i / (\eta_i - 1)$ 。这种情形下企业加成率关于产品质量的数学表达式为：

$$\mu_i = \frac{\ln \Lambda_i + y_i}{p_i + y_i} \tag{3-31}$$

式（3-31）中 p_i 和 y_i 表示对数化的产品价格和需求量。

第 四 章

出口与中国企业加成率：
低加成率陷阱的事实与机制

本章通过引入 MO 模型，在理论框架内探究出口企业和不出口企业加成率的决定方程，从理论模型出发弥补现有文献基于一般逻辑框架推演的不足。在基准模型基础上，本章引入出口产品质量和出口模式等因素，进一步扩展了 MO 模型，深化了对出口企业加成率问题的中国化理解。基于理论模型，本章通过工业企业数据和海关数据对理论命题进行了检验，一方面证实了中国确实存在"低加成率陷阱"，另一方面对可能的影响机制进行了充分检验。本章在全文中居于中枢地位，为以后各章提供了企业加成率数据和中国出口企业低加成率问题的特征性事实。

第一节　引言

扩大出口规模是中国对外开放初期以及加入 WTO 十余年来的主要目标，随着 2013 年成为世界第一货物贸易大国，提高出口质量和出口附加值将是中国开放型经济发展新阶段面临的主要议题。长期以来，"低质量、低价格"是我国出口产品在国际市场上难以摆脱的标签，令人难解的是，我国出口产品不仅在国际市场上和国外同类产品相比价格较低，甚至普遍低于仅在国内市场销售的同类产品价格，这正是盛丹和王永进（2012）提出的"中国企业低价出口之谜"。

"中国企业低价出口之谜"不仅在理论上违背了主流国际贸易学说的预期，也导致了国际产业界对我国出口退税等各类贸易激励政策的广泛批评。事实上，WTO 2014 年统计资料显示，我国目前受到的反倾销诉讼数量居世界首位。根据 Melitz（2003）发端的新新贸易理论，出口企业是可以克服较高出口固定成本的高生产率企业，因此出口企业的加成率一般应高于不出口企业。"中国企业低价出口之谜"的特殊性在于伴随生产率的提高，出口产品加成率却不断下滑[①]。

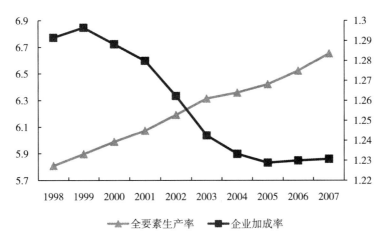

图 4-1　中国工业企业生产率、加成率（1998—2007 年）

说明：笔者计算所得，基础数据来自工业企业数据库。

由于理论上难以解释，国内学术界对"中国企业低价出口之谜"的解读更多转向现实层面，目前可主要分为两种观点：第一种是认为广泛的出口退税等贸易政策降低了企业对国际市场价格竞争的敏感度，即使制定低于国内市场的价格，也可以因出口退税获得经补

_____

① 此处参见图 4-1 的结果。

贴调整后较高真实加成率；另外一种观点如李秀芳和施炳展（2012）认为中国企业并不具有出口定价权，由于加工贸易企业是我国出口企业的主体，而加工贸易企业面临的实际上是被动接受国际发包方的订单式价格，这也呼应了李春顶（2010）等人所刻画的"生产率悖论"，即中国企业出口与高生产率并非稳定对应，因此，出口企业并不一定意味着高加成率。

然而上述解读更多是一种现实考虑或者经验研究，不仅缺少企业微观机制支撑，而且忽略了一个重要的潜在可能："低质量、低价格"是企业由不出口转向出口环境下的内生最优选择，并且与企业所处的生产率阶段相关联，即低加成率只是出口企业面临的阶段性陷阱，当生产率跨过该阶段时，企业将内生选择"高质量、高价格"。这是本书对中国出口企业"低加成率陷阱"更具理论解释力的新解读，其重大现实含义在于：即使消除出口退税、出口战略等来自国家贸易政策方面的激励环境，以"低质量、低价格"进入出口市场是企业的内生选择，只有生产率跨越"低加成率陷阱"门槛值后，出口企业才会在国际市场上选择"高质量、高价格"。

第二节　理论模型及命题提出（静态基准模型）

借鉴 Melitz 和 Ottaviano（2008）的模型，利用可变替代弹性效用函数，将企业可变加成率内生化。本章试图从理论上论证中国出口企业存在的阶段性"低加成率陷阱"现象，并解释造成这种现象的可能机制。

假定仅存在两个国家，本国 H 和外国 F（这里指所有外部市场），他们都生产并消费一种传统商品和一类工业品。传统商品市场是完全竞争的，将其标准化为等价物。工业品市场是垄断竞争的，其种类 $i \in \Omega$ 是分布在 Ω 上的连续统。假定本国 H 和外国 F 的消费者偏好、厂商生产技术相同，外国 F 的市场规模大于本国市场 $L^F > L^H$。

一 需求与消费者偏好

两个国家的代表性消费者拥有以下拟线性效用函数：

$$U = q_0^c + \alpha \int_{i \in \Omega} q_i^c di - \frac{1}{2}\gamma \int_{i \in \Omega} (q_i^c)^2 di - \frac{1}{2}\eta \left(\int_{i \in \Omega} q_i^c di \right)^2 \quad (4-1)$$

其中 q_0^c 表示传统商品，q_i^c 表示第 i 种工业品。参数 a，γ，η 均大于 0，刻画商品之间的替代弹性，其中 γ 表示工业品之间的替代弹性，a，η 表示工业品与传统商品之间的替代弹性。

根据式（4-1），可以求得在每个市场工业品 i 的线性需求函数：$l = H$，F。

$$q_i \equiv L^l q_i^c = \frac{\alpha L^l}{\eta N^l + \gamma} - \frac{L^l}{\gamma} p_i^l + \frac{\eta N^l}{\eta N^l + \gamma} \frac{L^l}{\gamma} \bar{p}^l \quad (4-2)$$

N^l 表示一国所有商品种类，$\bar{p}^l = (N^l)^{-1} \int_{i \in \Omega^{*l}} p_i^l di (\Omega^{*l} \subseteq \Omega)$ 是一国生产商品的平均价格。令消费者需求为 0，可以求得一国市场上商品的最高价格 p_{max}^l。

$$p_{max}^l \equiv \frac{1}{\eta N^l + \gamma}(\gamma \alpha + \eta N^l \bar{p}^l) \quad (4-3)$$

假定外国市场竞争比本国市场更加激烈，即外国市场平均价格更低 $\bar{P}^F < \bar{P}^H$。根据 MO 模型中一般均衡结果可知：$\bar{P}_{max}^F < \bar{P}_{max}^H$。

二 供给与生产者行为

同 MO 模型基本假定，只有劳动力一种生产要素，单位工资标准化为 1。传统商品生产规模报酬不变，而工业品生产是规模报酬递增的，企业需要支付国内生产的固定成本 f_E，并随机抽取一个边际

成本 c ①。代表性企业的成本函数是：

$$C(q_i) = cq_i \qquad (4-4)$$

企业根据利润最大化原则选择自身产量，以满足国内市场。部分企业除供应国内市场外，还会出口到外国市场，出口需要支付冰山运输成本 $\tau > 1$，因此企业的边际成本变为 τc。企业内销和出口的临界成本 $c^H = p^H_{max}$ 和 $c^F = p^F_{max}/\tau$，由于 $p^F_{max} < p^H_{max}$、$\tau > 1$，所以 $c^H > c^F$。根据上述分析，可以将企业的生产行为进行分类（Sorting）：$c > c^H$ 的企业退出市场，$c^F < c \leqslant c^H$ 的企业仅供应本国市场，$c < c^F$ 的企业既供应本国市场又出口到外国市场。

根据企业最优化决策，可以求得企业在本国市场 H 和外国市场 F 生产商品的价格和数量：

$$p^H(c) = \frac{1}{2}(c^H + c) \quad q^H(c) = \frac{L^H}{2\gamma}(c^H - c) \qquad (4-5)$$

$$p^F(c) = \frac{\tau}{2}(c^F + c) \quad q^F(c) = \frac{L^F}{2\gamma}\tau(c^F - c) \qquad (4-6)$$

由式（4-5）、（4-6）可得，企业在本国市场和外国市场的绝对加成率：

$$\mu^H(c) = \frac{1}{2}(c^H - c) \qquad (4-7)$$

$$\mu^F(c) = \frac{\tau}{2}(c^F - c) \qquad (4-8)$$

三　企业平均加成率计算

在本章的实证部分，将对企业的加成率进行测算。由于数据所限，无法区分企业在本国市场和外国市场的加成率，因此有必要构

---

① 这里沿用 MO（2008）模型的假定，认为企业边际成本服从 $G(c)$，其中 $G(c) = (c/c_M)^K$，$c \in [0, c_M]$ 为帕累托分布。企业在支付国内生产的固定成本 f_E 之后，可以观测自身的边际成本 c。

造一个加权平均的企业加成率 $\mu(c)$。对于仅供应本国市场的企业 $\mu(c) = \mu^H(c)$，对于出口企业来说，平均加成率可以按产量为权重求加权平均值。具体形式为：

$$\mu(c) = \begin{cases} \dfrac{1}{2}(c^H - c), & c^F < c \leqslant c^H \\[2ex] \dfrac{L^H(c^H-c)^2 + L^F\tau^2(c^F-c)^2}{2L^H(c^H-c) + 2L^F\tau(c^F-c)}, & 0 < c \leqslant c^F \end{cases} \tag{4-9}$$

由式（4-9）可知，企业的平均加成率与生产率（这里以 c 体现）并不是完全单调的关系，还受到企业出口行为的影响。为了研究的直观和方便，对式（4-9）进行量化分析，对各参数进行赋值：令 $L^F/L^H = 10$，$c^H = 2$，$c^F = 1.2$，$\tau = 1.25$，[①] 可以得到 $\mu(c)$ 关于 c 的函数图像，如图 4-2 所示：这里 c^T 表示左侧曲线最低点，"低加成率陷阱"表现在拥有更高生产率的企业（$c^T < c < c^F$），其加成率却小于生产率更低，仅供应本国市场的企业。在 $c^T < c < c^F$ 上出口企业陷入了"低加成率陷阱"，出口行为扭曲了生产率和加成率的单调关系。因此企业出口行为与加成率的关系取决于 c 的分布 $G(c)$，如果较多企业分布在 $c^T < c < c^F$ 这一"低加成率陷阱"区间，那么出口行为会导致企业加成率的下降。反之，出口会促进企业加成率水平的提高。综上所述，可得以下两条命题。

命题 1：控制企业出口行为，企业加成率与生产率呈正相关。

命题 2：出口企业生产率在"低加成率陷阱"区间（$c^T < c < c^F$）时，出口行为会导致加成率下降。反之则会提高企业加成率。企业加成率与生产率之间呈现局部"U"形关系。

四　引入产品质量的机制解释

理论模型已经得到了出口企业生产率对加成率的作用关系，这

[①] 本章 τ 的取值参考 Obstfeld 和 Rogoff（2000），本章还试算了可能的其他 4 种情况，其函数图像与图 4-2 相似。一般地，均会出现 $0<c<c^F$ 上的非单调关系，表明这种"U"形关系是稳健的。数值模拟的具体参数设定和其他情景详见附录。

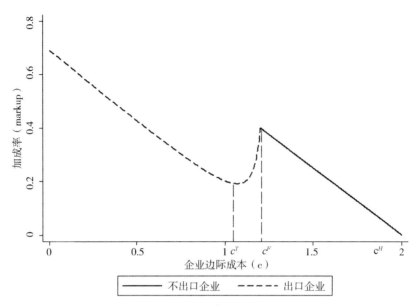

图 4-2　企业加成率与边际成本函数

说明：图 4-2 仅为式（4-9）的一个特例。

种"U"形关系表明只有生产率水平较高的企业（$0 < c < c^T$）出口才会获得更高的加成率。根据 Antoniades（2015）、Bellone 等（2016）对 MO 模型的改进，将企业最优产品质量选择引入模型，本书认为这种扩展会更有利于分析这种"U"形关系的微观机制。[①]

　　该扩展模型的经济逻辑在于：国外市场规模更大，企业质量升级带来的利润上升更容易克服所需要的成本，即出口市场的质量升级更为容易，出口企业面临"质量升级效应"。企业的最优产品质量选择取决于不同市场质量差异斜率和企业边际成本 c。出口企业在外国市场面临两种效应的叠加，一种是"竞争加剧效应"，另一种是"质量升级效应"，出口企业是否提升产品质量取决于两种效应的相对大小。当 $c^T < c < c^F$ 时，企业进入出口市场，但是由于生产率水

---

　　① 这部分理论模型扩展，在第六章有更为具体的介绍，为避免重复，这部分省略了基于产品质量的模型扩展推导过程，详见第六章。

平相对较低，无法克服质量升级带来的成本上升，此时"竞争加剧效应"大于"质量升级效应"，企业最优选择是"低质、低价、低加成率出口"；当 $0 < c < c^T$ 时，企业生产率水平相对更高，能够克服质量升级带来的成本上升，此时"质量升级效应"大于"竞争加剧效应"，企业最优选择是"高质、高价、高加成率出口"。

根据扩展 MO 模型，可得下面两个命题。

命题3：企业加成率与产品质量呈正相关，企业加成率与出口行为的关系是由最优产品质量选择决定的。

命题4：较高生产率企业（ $0 < c < c^T$ ）在出口市场表现为"质量升级效应"大于"竞争加剧效应"，会提高其加成率水平；反之，较低生产率企业（ $c^T < c < c^F$ ），出口会降低其加成率水平。

企业产品质量与边际成本之间的关系如图 4-3 所示：

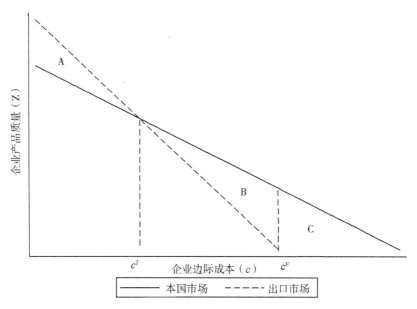

图4-3 企业产品质量与边际成本函数

第三节 数据、变量及描述性统计

一 数据来源

（1）工业企业数据。本章主要数据来源是 1998—2007 年国家统计局的年度工业企业数据库。该数据库涵盖了所有国有企业和年销售收入在 500 万元以上的非国有企业。但是该数据库也存在一定的使用问题和统计缺陷（聂辉华等，2012）。为避免数据问题对研究结果的影响，本章借鉴 Brandt 等（2012）、田巍和余淼杰（2013）的做法，根据"通用会计准则"（GAPP）的规定，删除了不符合基本逻辑关系的错误记录。本书还对该数据库做了以下两个调整：第一，统一了 1998—2007 年 4 位码行业代码；第二，采用序贯识别法，以法人代码为基础识别企业单位，对每个企业截面进行重新编码，建立了 1998—2007 年中国工业企业微观面板数据。调整后数据库共有 548092 家企业的 2071141 个观测值。

（2）工业企业—海关匹配数据。工业企业数据库虽然提供了企业层面的出口总额，但是并未提供出口数量指标，因此需要通过工业企业—海关匹配数据来实现数量法企业加成率和产品质量的测度。本章采用了中国海关总署 2000—2006 年的企业产品层面数据，因为两套数据库的企业税号属于两套编码系统，因此数据匹配涉及一系列烦琐的技术过程。参考田巍和余淼杰（2013）的两步匹配方法：①根据企业名称匹配；②在上一步的基础上，根据企业所在地的邮政编码和企业号码的后 7 位匹配。通过匹配，本章共对应上 67541 家出口企业的 190206 个观测值。匹配上企业的数量占对应年份工业企业数据库中出口企业数量的 48.94%，出口额占工业企业数据库出口额的一半左右，与田巍和余淼杰（2013）的匹配结果相当。匹配前后出口企业的特征性变量详见表 4-1。考虑到本章综合使用工业企业和工业企业—海关匹配数据，因此在表 4-2 中汇报了这两种数据下相关特征变量情况。

表 4-1　　　　出口企业主要特征的描述性统计（2000—2006 年）

变量	合并上的出口企业	出口企业总体
l	5.3473 （1.36）	5.4692 （1.15）
k	8.9194 （1.71）	9.2919 （1.69）
lnscale	10.3598 （1.43）	10.5181 （1.48）
va	9.0817 （1.41）	8.9226 （1.44）
lntfp_lp	6.6793 （1.13）	6.5834 （1.13）
观测值	190206 个	388668 个

注：本表汇报了工业企业—海关匹配数据的出口企业以及工业企业数据中出口企业的特征数据对比情况；括号中数值为标准差。

二　变量构造、估计与描述性统计

（1）企业层面投入产出数据调整。本章所使用的企业层面投入产出数据主要包括：工业总产值、工业增加值①、从业人数、资本存量、工业中间投入合计等②。除从业人数（l_{ijt}）外，其他数据均包含价格因素，故有必要对上述数据进行价格调整。具体的调整方法是：以 1998 年各省价格指数作为基准，以工业品出厂价格指数对工业总产值（y_{ijt}）和工业增加值（va_{ijt}）进行平减，以工业品购进价格指数对工业中间投入合计（m_{ijt}）进行平减。资本存量的估计借鉴简泽等

---

①　工业企业数据库中没有 2004 年企业的工业增加值。为此，本章借鉴简泽和段永瑞（2012）的方法进行了估算。其计算公式为：增加值＝销售收入＋期末存货－期初存货－中间投入＋增值税。

②　本章下面所提到的工业总产值、工业增加值、从业人数、资本存量、工业中间品投入合计均已采用取对数方式进行处理。各变量下标 i，j，t 表示 t 时刻企业 i 所在的 j 行业。

（2014）的做法，以企业最早出现在工业企业数据库年份的固定资产净值（1998 年不变价格)① 作为初始资本存量。再根据相邻两年的固定资产原值之差（1998 年不变价格）作为企业每年实际投资额，每年的名义折旧额除以固定资产投资价格指数作为实际折旧额。采用永续盘存法，对企业每年资本存量（k_{ijt}）进行估算。

表 4-2　工业企业和工业企业—海关匹配数据主要特征变量（1998—2007 年）

变量	工业企业数据		工业企业—海关匹配数据	
	非平衡面板	平衡面板	非平衡面板	平衡面板
l	4.7998 (1.13)	5.2683 (1.17)	5.3473 (1.14)	5.7230 (1.09)
k	8.3741 (1.74)	8.6492 (1.84)	8.9194 (1.71)	9.3373 (1.60)
lnscale	9.6993 (1.46)	9.5181 (1.48)	10.3598 (1.43)	10.7207 (1.36)
va	8.5172 (1.43)	8.7216 (1.41)	9.0817 (1.41)	9.4289 (1.37)
ln$tfp\_$ lp	6.2906 (1.19)	6.3327 (1.13)	6.6793 (1.13)	6.8985 (1.09)
quality			0.6659 (0.15)	0.6878 (0.13)
观测值	2071141	352200	190206	32130

注：本表汇报了工业企业—海关匹配数据的出口企业以及工业企业数据中出口企业的特征数据对比情况；括号中数值为标准差。

（2）企业层面的加成率估计。企业层面的加成率估计，本章借鉴 De Loecker 和 Warzynski（2012）（以下简称收入法）的成果，采用结构模型的方法对中国企业加成率进行估算。De Loecker 等（2016）在收入法的基础上进一步构造了基于产品数量的加成率测算方法（以下简称数量法），解决了收入法隐含的价格问题以及多产品企业加成率估计的问题，因而优于收入法。考虑到数据的可得性和代表性，本章同时运用两种方法估计企业加成率，但是仍然使用收入法作为基准，数量法作为稳健性检验的重要依据。

————————

① 这里使用各省的固定资产投资价格指数进行平减。

（3）企业层面的生产率估计。本章使用企业的全要素生产率（TFP）作为企业效率的衡量指标。一般地，根据柯布-道格拉斯生产函数的 OLS 估计残差可以作为企业的 TFP，具体设定为：

$$va_{ijt} = \beta_l l_{ijt} + \beta_k k_{ijt} + \omega_{ijt} + \varepsilon_{ijt} \qquad (4\text{-}10)$$

但是，这种 OLS 估计方法会存在同时性偏误和选择性偏误（鲁晓东和连玉君，2012）。为解决上述问题，本章使用 Levinsohn 和 Petrin（2003）（以下简称 LP 法）来估计企业的生产率，以中间品投入作为企业生产率的代理变量。具体而言，企业对中间品使用量的决策取决于生产率、资本存量和劳动力投入，中间品的需求函数为：$m_{ijt} = f(\omega_{ijt}, k_{ijt}, l_{ijt})$。中间品投入关于生产率是严格增函数，生产率可以表示为：$\omega_{ijt} = f^{-1}(m_{ijt}, k_{ijt}, l_{ijt})$。LP 法运用该原理得到式（4-10）参数的一致估计。Ackerberg，Caves 和 Frazer（2015）（以下简称 ACF 法）论证了 LP 法下参数估计存在的共线性问题，因此本章也同时测度了 ACF 法下的企业生产率。[①] 变量描述性统计如表 4-3 所示。根据上述结果，本章对中国工业企业 1998—2007 年的平均生产率和加成率进行了计算。为了初步判断中国工业企业出口行为与加成率的关系，本章计算了 39 个 2 位码行业出口、不出口企业的平均收入法加成率，如表 4-4 所示。

表 4-3　　　　　　　　　　　**变量描述性统计**

变量	中文名称	观测值	均值	标准差	P5	P95[②]
y	工业总产值	2071141	9.8842	1.3521	8.0997	12.2340
l	从业人数	2071141	4.7998	1.1336	3.0910	6.8035
k	资本存量	2071141	8.3741	1.7475	5.6943	11.3479
m	中间品投入	2071141	9.5032	1.3670	7.6552	11.8653
va	工业增加值	2035824	8.5172	1.4285	6.4148	10.9532
$\mu\_revenue$	收入法加成率	2071141	1.2722	0.2619	0.9458	1.7177

---

① ACF 法测度企业生产率的方法详见 Ackerberg，Caves 和 Frazer（2015）的文献。

② 这里 P5 和 P95，分别表示各变量 5% 和 95% 分位数。

续表

变量	中文名称	观测值	均值	标准差	P5	P95②
$\mu\_quantity$	数量法加成率	190206	1.2277	0.2403	0.9325	1.6348
$\ln tfp\_lp$	LP 法生产率	2035824	6.2906	1.1892	4.4163	8.2198
$\ln tfp\_acf$	ACF 法生产率	2035824	4.0570	1.0712	2.2776	5.7289
ms	市场规模	2071139	0.2719	0.1214	0.0324	0.7009
soe	国有资本比率	2057306	0.1259	0.3194	0	1
hhi	行业赫芬达尔指数	2071141	0.0137	0.0241	0.0012	0.0441
$export$	出口虚拟变量	2071141	0.2598	0.4385	0	1
exp_tfp	出口、生产率交互项	2035824	1.7122	2.9471	0	7.5016
$pwage$	平均工资	2071141	13.3478	18.1920	3	32.4387
$\ln scale$	企业规模	2071131	9.6993	1.4612	7.6353	12.3464
$input\_ratio$	中间品投入比例	2071141	0.6973	0.1397	0.4755	0.8992
$quality$	企业产品质量	190206	0.6659	0.1458	0	1

数据来源：笔者自己计算，基础数据来源于中国工业企业数据库和海关数据库。

39 个行业中有 32 个行业出口企业的加成率水平显著地低于不出口企业，只有少数资源密集型和垄断性行业（如煤炭开采和洗选业、烟草制造业等）出口企业加成率高于不出口企业。这一统计结果表明，中国工业出口企业大多数处于"低加成率陷阱"区间，其中负向差距较大的行业主要集中在劳动密集型行业（如皮革、毛皮、羽毛（绒）及其制品业、家具制造业、文教体育用品制造业等）和技术密集型行业（如橡胶制品业，电气机械及器材制造业，通信设备、计算机及其他电子设备制造业等）。

（4）市场规模估计。由式（4-9）可知，企业的加成率与市场规模有关。本章对我国国内市场规模的测度主要方法来自新经济地理学对市场潜力（Market potential）的界定。其主要思想是构建一个省际市场规模的空间加权值作为特定地点企业所面对的市场规模。其表达式为：$ms_{st} = \sum_{j \neq s} Y_{jt}/D_{sj} + Y_{st}/D_{ss}$。其中 ms_{st} 表示 t 时刻 s 省的市场规模。Y_{st} 和 Y_{jt} 分别表示 s 省和其他省份在 t 年的地区生产总值（以 1998 年不变价格计算）。D_{ss} 和 D_{sj} 分别表示 s 省内部距离和到其

表4-4　2位码行业出口、不出口企业平均加成率对比（1998—2007年）

行业名称	不出口	出口	差距	T值	行业名称	不出口	出口	差距	T值
煤炭开采和洗选业	1.3987	1.6268	0.2281	21.580 ***	化学原料及化学制品制造业	1.3016	1.2725	-0.0291	-18.188 ***
石油和天然气开采业	1.6420	1.4125	-0.2295	-3.242 ***	医药制造业	1.3784	1.3271	-0.0513	-13.359 ***
黑色金属矿采选业	1.4677	1.4714	0.0037	0.141	化学纤维制造业	1.2421	1.2352	-0.0069	-1.213
有色金属矿采选业	1.3797	1.3821	0.0024	0.179	橡胶制品业	1.2848	1.2237	-0.0611	-18.239 ***
非金属矿采选业	1.3440	1.3519	0.0079	1.868 *	塑料制品业	1.2628	1.2069	-0.0559	-34.106 ***
其他采矿业	1.3444	1.3320	-0.0124	-0.215	非金属矿物制品业	1.2966	1.2821	-0.0145	-7.932 ***
农副食品加工业	1.2958	1.2827	-0.0131	-7.120 ***	黑色金属冶炼及压延加工业	1.2881	1.2673	-0.0208	-5.683 ***
食品制造业	1.2836	1.2691	-0.0145	-4.833 ***	有色金属冶炼及压延加工业	1.2860	1.2568	-0.0292	-8.464 ***
饮料制造业	1.3644	1.3586	-0.0058	-1.043	金属制品业	1.2604	1.2118	-0.0486	-32.400 ***
烟草制品业	1.5921	2.0034	0.4113	11.887 ***	通用设备制造业	1.2752	1.2436	-0.0316	-22.571 ***
纺织业	1.2497	1.2059	-0.0438	-42.524 ***	专用设备制造业	1.2688	1.2486	-0.0202	-8.821 ***
纺织服装、鞋、帽制造业	1.2297	1.1793	-0.0504	-32.516 ***	交通运输设备制造业	1.2531	1.2325	-0.0206	-10.685 ***
皮革、毛皮、羽毛（绒）及其制品业	1.2524	1.1765	-0.0759	-37.950 ***	电气机械及器材制造业	1.2643	1.2020	-0.0623	-51.960 ***
木材加工及木、竹、藤、棕、草制品业	1.2956	1.2459	-0.0497	-19.490 ***	通信设备、计算机及其他电子设备制造业	1.2719	1.2051	-0.0668	-26.403 ***

续表

行业名称	不出口	出口	差距	T值
家具制造业	1.2657	1.1993	-0.0664	-21.842***
造纸及纸制品业	1.2712	1.2300	-0.0412	-15.147***
印刷业和记录媒介的复制	1.2633	1.2389	-0.0244	-5.622***
文教体育用品制造业	1.2327	1.1684	-0.0643	-20.742***
石油加工、炼焦及核燃料加工业	1.3437	1.2611	-0.0826	-11.650***
水的生产和供应业	1.2841	1.2962	0.0121	0.314
仪器仪表及文化、办公用机械制造业	1.2582	1.2243	-0.0339	-10.831***
工艺品及其他制造业	1.2272	1.2224	-0.0048	-0.083
废弃资源和废旧材料回收加工业	1.2877	1.3433	0.0556	1.727*
电力、热力的生产和供应业	1.4057	1.3631	-0.0426	-1.454
燃气生产和供应业	1.2513	1.1615	-0.0898	-2.103**
总体	1.2891	1.2241	-0.0650	-169.13***

注：*、**、***分别表10%、5%、1%的显著性水平

他省距离（省会之间距离）。其中 $D_{ss} = 2/3\sqrt{S_s/\pi}$，$S_s$ 表示 s 省面积大小。

（5）企业出口产品质量。本章测度出口企业产品质量是基于"需求残差"的原理（Gervais，2015；Joel，2011；施炳展等，2014）。其基本思想是：企业的出口量受到两个主要变量的影响：一是产品价格，二是产品质量。控制其他变量不变，企业产品出口量不能用价格解释的部分就可认定为产品质量。其数学表达式为：

$$quality_{hmt} = \frac{\hat{\varepsilon}_{hmt}}{\sigma - 1} = \frac{\ln q_{hmt} - \ln \hat{q}_{hmt}}{\sigma - 1} \qquad (4\text{-}11)$$

对式（4-11）进行标准化可得出口产品的标准质量指数，如式（4-12）。

$$r\_quality_{hmt} = \frac{quality_{hmt} - \text{min}quality_{hmt}}{\text{max}quality_{hmt} - \text{min}quality_{hmt}} \qquad (4\text{-}12)$$

其中 $quality_{hmt}$ 表示 t 年 h 产品在 m 市场的质量，$\hat{\varepsilon}_{hmt}$ 表示质量方程回归的残差项，q_{hmt} 表示该种产品的实际出口额，$\hat{q}_{hmt}$ 表示该种产品的预计出口额，σ 表示需求弹性。式（4-12）中 max 和 min 分别表示最大值和最小值，该种标准化方法保证产品质量指标介于 [0，1] 之间，且不具有测度单位，因此可以进行加总分析和跨期比较研究。在此基础上，根据企业出口产品的销售额比例可得加权平均的企业产品质量 $quality_{it}$。[①]

（6）其他变量。除上述变量以外，本章的计量模型还包括出口虚拟变量（export）以及出口虚拟变量和生产率交互项（exp_tfp）。其他控制变量如下。①企业所有制类型。本书通过计算各企业实收资本中国有资本的占比（soe），以此作为控制企业所有制类型的变量。②4 位码行业竞争程度。本章使用 4 位码行业赫芬达尔指数（hhi）来衡量这种竞争程度。③企业平均工资（pwage）。用企业应付工资总

[①]　这里 $quality_{it}$ 表示企业 t 年的出口产品质量，下文出现 quality 均表示特定年份企业出口产品质量。

额与从业人数之比求得。④企业规模（lnscale）。以企业每年销售额的对数值来表示。⑤中间品使用比例（*input_ratio*）。用企业每年工业中间品投入占工业总产值比重衡量。

第四节 计量模型与实证结果

一 计量模型设定

本部分实证检验主要是研究出口行为对中国工业企业加成率的影响，探究出口企业产品质量选择与其生产率的关系。在此基础上，验证理论模型中推导出的出口企业加成率和生产率的"U"形关系。由于企业是否出口并非随机事件，如果使用 OLS 回归就会存在"样本选择偏误"，令回归结果有偏。为了解决该问题，本章选用Heckman（1979）样本选择模型，通过两阶段回归得到一致估计量。其基本思路是：第一阶段，构造出口行为方程，采用 Probit 模型估计企业出口的概率；第二阶段，使用第一步企业出口概率的估计值作为修正的解释变量进行回归。计量模型设定具体如下：

$$Probit(export_{ijt} = 1) = \Phi(X'_{ijt}\varphi_1 + \gamma_t + \rho_p + \zeta_j + \varepsilon_{ijt}) \quad (4-13)$$

$$\mu_{ijt} = \beta_0 + \beta_1 lntfp_{ijt} + \beta_2 export_{ijt} + Z'_{ijt}\beta_3 + Z'_{jt}\beta_4 + \beta_5\lambda_{ijt} + \gamma_t + \rho_p + \zeta_j + \varepsilon_{ijt} \quad (4-14)$$

$$\mu_{ijt} = \beta_0 + \beta_1 quality_{ijt} + Z'_{ijt}\beta_2 + Z'_{jt}\beta_3 + \gamma_t + \rho_p + \zeta_j + \varepsilon_{ijt} \quad (4-15)$$

$$\mu_{ijt} = \beta_0 + \beta_1 export_{ijt} + \beta_2 exp\_tfp_{ijt} + Z'_{ijt}\beta_3 + Z'_{jt}\beta_4 + \beta_5\lambda_{ijt} + \gamma_t + \rho_p + \zeta_j + \varepsilon_{ijt} \quad (4-16)$$

$$\mu_{ijt}/quality_{ijt} = \beta_0 + \beta_1 f(lntfp_{ijt}) + Z'_{ijt}\beta_2 + Z'_{jt}\beta_3 + \gamma_t + \rho_p + \zeta_j + \varepsilon_{ijt} \quad (4-17)$$

第一阶段回归基于式（4-13），选择影响企业出口行为的变量 X'_{ijt} 作为解释变量，对企业出口概率做 Probit 模型估计。根据现有文献，本章选取了企业生产率 $lntfp_{ijt}$（Melitz，2003）、出口虚拟变量的滞后一阶 $export_{ijt-1}$、企业从业人员 l_{ijt} 以及资产负债率 fzl_{ijt}。计量模型中 λ_{ijt}、γ_t、ρ_p、ζ_j 和 ε_{ijt} 分别表示逆米尔斯比率、年份、省份、2 位码行业虚拟变量以及随机误差项。第二阶段回归主要基于式（4-14）和式（4-15），Z'_{ijt} 和 Z'_{jt} 分别表示企业和 4 位码行业控制变量。其中式（4-14）主要目的：一是检验命题 1 是否成立，即控制出口行为企业加成率是否与生产率呈正相关；二是检验中国出口、不出口企业是否存在显著加成率差距。在此基础上，式（4-16）将验证命题 2 是否成立，并估算中国出口企业阶段性"低加成率陷阱"的大致区间。式（4-15）检验命题 3 是否正确，揭示企业产品质量对加成率的影响。式（4-17）中 $f(lntfp_{ijt})$ 表示和企业生产率相关的函数，其目的在于检验中国出口企业的加成率与生产率是否呈现"U"形关系，以及"质量升级效应"和"竞争加剧效应"的净效应与企业生产率之间的关系，验证命题 4 的正确性。

对于同一 4 位码行业的企业，其面临的出口行为冲击是相类似的，如果忽略同一 4 位码行业企业随机误差项的相关性，可能会低估参数的标准误，因此本章将参数的标准误聚类（Cluster）在 4 位码行业层次。计量部分分别报告了基准，引入产品质量，分地区、分行业要素密集度以及分所有制类型的回归结果，并在此基础上进行了稳健性检验，以期计量结果科学、有效。

二　基准回归结果

表 4-5 报告了基准模型的回归结果。其中第（1）、（2）、（4）、（6）列是 Heckman 模型的结果，由回归结果可知 *lambda*（逆米尔斯比率）显著不为 0，且 chi2（1）_P 值表明样本选择模型与原方程回归系数有显著差异，应使用样本选择模型的结果。[①] 为了解决变量

① 限于文章篇幅，仅汇报了 Heckman 模型第二阶段的回归结果，第一阶段结果省略。

的内生性，本章还汇报了系统 GMM 的回归结果，作为对 Heckman 模型的稳健性检验。

第（1）列仅控制了企业所在省份的市场规模，对 lntfp_ lp 和 $export$ 进行了初步参数估计，结果显示 lntfp_ lp 的系数显著为正，$export$ 的系数显著为负。这表明命题 1 是正确的，即控制出口行为，企业的加成率与生产率呈正相关。从样本总体来看，中国企业的出口行为对加成率起负作用，这也说明平均意义上看，中国企业处于图 4-2 中指出的"低加成率陷阱"。这与 De Loecker 和 Warzynski（2012）、Bellone 等（2016）①的研究大相径庭，他们的研究都基于发达国家，根据图 4-2 可知，发达国家的企业生产率相对较高，出口企业大都超越了"低加成率陷阱"。而中国企业生成率水平相对较低，这种负向作用也显示了中国出口企业的低加成率具有阶段性。

第（2）列中控制了企业层面特性和行业层面特性，回归结果仍然显著，计量结果显示企业的生产率每提高 1 单位，加成率就会增加 7.28%。根据本章理论部分的解释，高生产率企业在控制出口行为时，具有提供高质量商品的优势，这也是其获得高加成率的主要原因。出口企业平均意义上比不出口企业加成率低 0.632%，这也说明了中国出口企业面临国外市场竞争时，"质量升级效应"小于"竞争加剧效应"，普遍采取了"低质、低价、低加成率"的出口策略，这是其处于阶段性"低加成率陷阱"的微观机理。第（3）列汇报了系统 GMM 回归的结果，关键变量系数符号与第（1）、（2）列相同，这验证了该回归结果稳健。

第（4）、（5）列是对式（4-16）的回归，结果显示 $export$ 系数显著为负，exp_ tfp 系数显著为正。这就从实证角度检验了中国企业

---

① De Loecker 和 Warzynski（2012）的研究基于斯洛文尼亚的企业数据，Bellone 等（2016）的研究基于法国的企业数据，他们的结果都显示出口行为对企业加成率的正向作用显著。

出口和加成率之间的条件关系。当出口企业的生产率较低（即图4-2中 $c^T < c < c^F$ 区间），此时出口对企业加成率起反向作用；当出口企业的生产率较高（即图4-2中 $0 < c < c^T$ 区间），此时出口对企业加成率起正向作用。

表4-5　　　　出口行为对企业加成率影响（基准回归结果）

变量	(1)	(2)	(3)	(4)	(5)	(6)	(7)
	因变量:$\mu\_revenue$					因变量:$\mu\_quantity$	
	Heckman	Heckman	系统 GMM	Heckman	系统 GMM	Heckman	系统 GMM
lntfp_lp	0.1090 *** (807.33)	0.0728 *** (409.11)	0.0495 *** (13.51)			-0.2082 *** (-57.58)	-0.2191 *** (-18.46)
$tfp2$						0.0145 *** (87.23)	0.0157 *** (25.85)
$export$	-0.0088 *** (-234.86)	-0.0063 *** (-14.72)	-0.0022 *** (-3.20)	-0.1720 *** (-94.57)	-0.1220 *** (-8.81)		
exp_tfp				0.0263 *** (98.27)	0.0171 *** (8.36)		
ms	-0.0407 *** (-15.40)	-0.0452 *** (-9.75)	-0.0351 *** (-2.79)	-0.1390 *** (-28.58)	-0.8430 *** (-56.24)	-0.1277 *** (-7.88)	-0.1426 *** (-3.88)
$pwage$		-0.0012 *** (-191.86)	-0.0020 *** (-20.50)	-0.0010 *** (-155.35)	-0.0019 *** (-20.59)	-0.0020 *** (-81.61)	-0.0022 *** (-12.66)
$lnscale$		-0.0036 *** (-15.66)	0.0042 *** (4.17)	0.0160 *** (68.52)	0.0072 *** (10.59)	-0.0047 *** (-5.77)	-0.0016 (-0.87)
hhi		-0.0132 ** (-1.96)	-0.0138 (-1.22)	-0.0193 *** (-2.74)	0.0674 *** (5.50)	-0.0340 ** (-2.08)	-0.0399 (-1.55)
$input\_ratio$		-1.4230 *** (-1142.28)	-1.7380 *** (-45.15)	-1.6690 *** (-1464.56)	-1.9580 *** (-68.41)	-1.5527 *** (-366.97)	-1.6508 *** (-94.29)
soe		-0.0147 *** (-21.04)	-0.0053 *** (-4.14)	-0.0208 *** (-28.26)	0.0059 *** (4.33)	-0.0149 *** (-4.94)	-0.0009 (-0.20)
$lambda$	0.0349 *** (69.59)	0.0261 *** (65.42)		0.0163 *** (32.34)		0.0417 *** (15.24)	
常数项	0.7163 *** (483.78)	1.9001 *** (58.70)	2.8020 *** (33.52)	2.3690 *** (69.64)	3.0252 *** (52.50)	2.5988 *** (22.67)	1.6476 *** (12.36)
拟合优度	0.583	0.653		0.555		0.741	
观测值	1497741	1497741	1037191	1497741	1037191	186343	115204
chi2（1）_P	0.000	0.000		0.000		0.000	
AR（2）_P			0.583		0.256		0.591

变量	(1)	(2)	(3)	(4)	(5)	(6)	(7)
	因变量：$\mu\_revenue$					因变量：$\mu\_quantity$	
	Heckman	Heckman	系统 GMM	Heckman	系统 GMM	Heckman	系统 GMM
Sargan_P			1.000		0.923		0.203

注：括号内为 t 值或 z 值；*、**、*** 分别表示 10%、5%、1% 的显著性水平。回归控制了年份固定效应和省份固定效应。标准误聚类（Cluster）在 4 位码行业层面，拟合优度均为调整后 R^2（固定效应回归结果汇报组内 R^2）。下表同。

经测算，c^T 所对应的企业生产率门槛值约为 6.93，仅有约 25% 的企业达到了该门槛值，[①] 这进一步表明大部分中国出口企业处于"低加成率陷阱"区间。第（6）、（7）列汇报了数量法下出口企业加成率与生产率的关系，其中 lntfp_lp 的一次项显著为负，二次项显著为正，说明出口企业的加成率与生产率之间存在"U"形关系，且该二次曲线对称轴的估计值为 7.17 和 6.97，与上述基于交叉项的估计相吻合。其他变量的结果基本符合预期，市场规模、赫芬达尔指数系数均为负，表明所在省份规模越大、行业竞争越激烈，企业的加成率就会越低。其他变量的结果基本符合预期，市场规模、赫芬达尔指数系数均为负，表明所在省份规模越大、行业竞争越激烈，企业的加成率就会越低。具体而言，市场规模越大、行业竞争程度越高会形成显著的竞争加剧效应，降低市场进入的临界成本，从而恶化企业的加成率水平。$pwage$ 系数显著为负，说明企业平均工资上升显著降低了加成率水平，其作用渠道主要是通过增加企业可变成本恶化了其加成率水平（诸竹君，2017c）。

三　引入产品质量的回归结果

这一组回归引入企业产品质量，一是检验企业产品质量对加成

---

① 该数值根据一次项（$export$）和交互项（exp_tfp）计算可得。进一步，中国工业企业生产率（lntfp_lp）的测算结果表明，其 4 分位数值分别是：5.599、6.259、7.009，门槛值 6.93 与 75% 分位数值相近，说明约有 25% 的企业已跨越"低加成率陷阱"区域。

率的作用，二是探究出口企业生产率的高低是否会对质量选择产生影响。表 4-6 中第（1）、（2）、（3）列检验企业产品质量对加成率的作用。结果显示企业产品质量对加成率有显著的正向作用，其边际效应约为 0.0200。这就验证了中间传导变量企业产品质量的关键性。

扩展 MO 模型提出了出口企业的"质量升级效应"和"竞争加剧效应"，并表明这两种效应的净效应会取决于企业的生产率，第（4）、（5）、（6）列的回归结果就试图检验该理论命题是否成立。通过引入企业生产率（lntfp_lp）以及其二次项（$tfp2$）来检验出口企业是否因为其生产率的高低选择不同的产品质量。回归结果显示 lntfp_lp 项不显著，其二次项 $tfp2$ 显著为正，这表明在一定意义上，企业的产品质量与生产率呈正相关，此结果与施炳展等（2014）的结论一致。但是这并不能否定质量选择与出口企业的生产率存在理论部分刻画的非线性关系，一次项的不显著可能是由于回归存在多重共线性，因此有必要对出口企业产品质量的选择做进一步探究。①

表 4-6   产品质量对企业加成率影响

变量	因变量：$\mu\_quantity$			因变量：$quality$		
	（1） FE	（2） IV_FE	（3） 系统 GMM	（4） FE	（5） IV_FE	（6） 系统 GMM
$quality$	0.0210 *** (3.07)	0.0230 *** (6.39)	0.0200 *** (3.59)			
lntfp_lp				−0.0147 (−1.33)	−0.0146 (−1.25)	−0.0178 (−0.22)
$tfp2$				0.0014 *** (3.14)	0.0013 *** (3.16)	0.0018 ** (2.13)

———————————

① 本章在稳健性检验中进一步探究了出口企业产品质量与其生产率之间的非线性关系。

续表

变量	因变量：$\mu\_quantity$			因变量：$quality$		
	（1）	（2）	（3）	（4）	（5）	（6）
	FE	IV_FE	系统 GMM	FE	IV_FE	系统 GMM
ms	−0.1326***	−0.3239***	−0.1198***	0.0698***	−0.1090	0.0715**
	（−3.96）	（−3.14）	（−3.26）	（4.37）	（−1.27）	（2.35）
$pwage$	−0.0019***	−0.0018***	−0.0019***	−0.0000	−0.0000	0.0000
	（−12.14）	（−10.31）	（−15.21）	（−0.91）	（−0.79）	（0.74）
$lnscale$	0.0175***	0.0153***	0.0132***	0.0189***	0.0191***	0.0070***
	（8.76）	（9.52）	（6.12）	（23.36）	（23.43）	（4.94）
hhi	−0.0297	−0.0212	−0.0229	−0.0094	−0.0082	0.0104
	（−1.04）	（−1.02）	（−0.02）	（−0.58）	（−0.51）	（0.39）
$input\_ratio$	−1.7687***	−1.6522***	−1.7684***	0.0873***	0.0866***	0.0755***
	（−117.24）	（−119.28）	（−112.71）	（20.94）	（20.70）	（10.91）
soe	0.0007	−0.0062***	0.0005	−0.0035	−0.0030	−0.0073
	（0.13）	（−5.32）	（0.24）	（−1.18）	（−1.00）	（−1.32）
常数项	2.3321***	1.9845***	2.3236***	0.2580**	0.3520***	0.2801***
	（92.12）	（14.28）	（9.18）	（2.29）	（2.91）	（13.65）
年份固定效应	是	是	是	是	是	是
行业固定效应	是	是	否	是	是	否
拟合优度	0.673	0.691		0.109	0.117	
观测值	189832	189832	115204	186343	186343	113477
AR（2）_P			0.631			0.471
Sargan_P			0.136			0.436

四 分组回归的结果

（1）分地区的回归结果。报告在表4-7中，总体来看关键变量符号与基准回归一致，这也显示了阶段性"低加成率陷阱"在中国三大区域是普遍存在的。由第（1）、（3）、（5）列可知，西部地区出口行为对企业加成率的影响最大为−0.0180；东部地区次之，为−0.0063；中部地区出口行为对加成率影响最小。根据现有文献研究，东部、中部、西部企业平均生产率依次递减，出口参与度依次增加。西部地区由于其较低的平均生产率，出口企业大都处于"U"

形曲线右边，出口对加成率的负向影响尤为明显。[①] 东部地区虽然平均生产率高，但是其出口参与度较大，因此出口对加成率的影响相对较高。中部地区出口参与度低，平均生产率居中，故出口对加成率的作用程度也最小。

表 4-7　　　　出口行为对企业加成率影响（分地区回归结果）

变量	(1)东部	(2)东部	(3)中部	(4)中部	(5)西部	(6)西部
lntfp_lp	0.0544 ***(287.29)		0.0713 ***(171.39)		0.1463 ***(196.93)	
$export$	−0.0063 ***(−14.80)	−0.1661 ***(−30.47)	−0.0018 *(−1.63)	−0.1322 ***(−76.40)	−0.0180 ***(−6.29)	−0.3654 ***(−27.80)
exp_tfp		0.0263 ***(33.39)		0.0200 ***(78.11)		0.0537 ***(28.82)
ms	0.1240 ***(24.05)	0.0757 ***(14.17)	−0.2290 ***(−3.92)	0.0735(1.11)	−0.0460 **(−2.49)	−0.0511 ***(−2.64)
ln$scale$	−0.0001(−0.42)	0.0149 ***(62.20)	0.0035 ***(6.89)	0.0202 ***(38.49)	−0.0161 ***(−14.82)	0.0222 ***(18.37)
hhi	−0.0079(−1.17)	−0.0083(−1.19)	−0.0318 *(−1.88)	−0.0564 ***(−3.17)	0.0564 *(1.72)	0.0161(0.44)
$input\_ratio$	−1.5693 ***(−1116.14)	−1.7668 ***(−1402.23)	−1.7430 ***(−580.85)	−2.0042 ***(−744.61)	−0.7303 ***(−196.32)	−1.0551 ***(−280.68)
soe	−0.0171 ***(−20.21)	−0.0207 ***(−23.63)	−0.0087 ***(−6.58)	−0.0152 ***(−10.95)	−0.0084 ***(−3.62)	−0.0179 ***(−6.80)
$lambda$	0.0277 ***(61.68)	0.0252 ***(59.29)	0.0286 ***(21.21)	0.0282 ***(21.40)	0.0145 ***(846.91)	0.0143 ***(8.57)
常数项	2.1003 ***(16.12)	2.4536 ***(21.27)	2.1130 ***(22.07)	2.5632 ***(21.18)	1.1721 ***(60.29)	1.8497 ***(85.24)
拟合优度	0.631	0.584	0.665	0.594	0.510	0.403
观测值	1074998	1074998	285850	285850	136893	136893
chi2 (1) _ P	0.000	0.000	0.000	0.000	0.000	0.000

---

① 根据 LP 法下企业生产率的测算，东、中、西部企业的平均值分别为 6.33、6.26、6.04，西部最低。西部企业生产率分布的 4 分位数值分别为 5.289、6.097、6.661，90%分位数为 7.043，表明西部企业中绝大多数都位于"低加成率陷阱"区域。

由第（2）、（4）、（6）列计算可得，企业的条件关系门槛值存在省际差异。东部、中部、西部的门槛值分别为 6.31、6.60、6.78，东部最低，西部最高。这可以用理论部分的扩展 MO 模型进行解释，企业在面临出口市场时，会同时产生"竞争加剧效应"和"质量升级效应"，企业根据自身的生产率水平选择最优的出口产品质量。东部企业的"质量升级"意愿最强，这是因为东部企业平均产品质量更高，因此其面临的"质量升级效应"就更强烈。相似的原因，可以解释中部企业"质量升级"意愿居中，西部企业则因为"质量升级效应"最弱，缺乏"质量升级"意愿。①

（2）分行业要素密集度的回归结果。本章将行业分为劳动密集型、资本密集型和技术密集型，表 4-8 汇报了分要素密集度的回归结果。② 由第（1）、（3）、（5）列可知，出口行为对企业加成率的影响在三类行业中都显著为负，其中劳动密集型行业影响最大，为 -0.0301，资本密集型行业影响居中，技术密集型行业影响最小。这一结果显示中国三类行业的生产率水平差异，由技术密集型、资本密集型到劳动密集型递减，因此更多比例的劳动密集型企业处于"低加成率陷阱"区间。

计算三类行业条件关系曲线的门槛值可知，劳动密集型、资本密集型、技术密集型行业分别为 6.36、6.82、6.50，这从微观上反映了三类行业企业相对于外国市场"质量升级"的难易程度。劳动密集型行业理论上"质量升级效应"最强，但其出口负向作用却最大，说明该类行业生产率水平很低，更多依靠要素成本优势，采取"低质、低价、低加成率出口"的模式。技术密集型行业的"质量升级"意愿最强，一方面来源于其较高的平均生产率，另一方面源于其领先于资本密集型行业的"质量升级效应"。相对而言，资本密集型行业的条件曲线门槛值最高，较低的"质量升级效应"令其

---

① 关于"质量升级"意愿的理论刻画，详见 Antoniades（2015）。

② 本章对行业要素密集度的划分参考了黄先海和陈晓华（2008）的分类方法。

"质量升级" 意愿居中。①

表 4-8　　出口行为对企业加成率影响（分行业要素密集度回归结果）

变量	（1）劳动密集型	（2）劳动密集型	（3）资本密集型	（4）资本密集型	（5）技术密集型	（6）技术密集型
lntfp_lp	0.0617 *** (257.79)		0.1320 *** (195.36)		0.0549 *** (209.14)	
$export$	-0.0301 *** (-8.01)	-0.1590 *** (-68.80)	-0.0145 *** (-6.39)	-0.3071 *** (-27.48)	-0.0051 *** (-8.58)	-0.1040 *** (-42.06)
exp_tfp		0.0250 *** (71.85)		0.0452 *** (28.92)		0.0160 *** (43.38)
ms	-0.0141 ** (-2.20)	-0.1001 *** (-14.29)	-0.2390 *** (-10.92)	-0.4092 *** (-17.04)	-0.0238 *** (-3.63)	-0.0680 *** (-9.71)
ln$scale$	0.0005 * (1.68)	0.0150 *** (48.54)	-0.0104 *** (-11.34)	0.0275 *** (27.04)	-0.0012 *** (-3.66)	0.0160 *** (45.88)
hhi	0.0349 ** (2.27)	0.0320 ** (2.00)	0.0114 (0.53)	-0.0692 *** (-2.88)	0.0253 *** (3.02)	0.0280 *** (3.24)
$input\_ratio$	-1.5270 *** (-8.46)	-1.7510 *** (-2.92)	-0.7850 *** (-4.70)	-1.0671 *** (-6.28)	-1.6460 *** (-3.08)	-1.8630 *** (-10.35)
soe	-0.0121 *** (-11.74)	-0.0170 *** (-15.64)	-0.0119 *** (-4.64)	-0.0173 *** (-5.79)	-0.0147 *** (-14.97)	-0.0201 *** (-19.47)
$lambda$	0.0319 *** (55.09)	0.0296 *** (54.48)	0.0162 *** (9.35)	0.0155 *** (9.19)	0.0289 *** (45.66)	0.0265 *** (43.95)
常数项	2.1130 *** (52.53)	2.5654 *** (61.09)	1.3720 *** (18.95)	2.0261 *** (25.18)	2.1040 *** (43.63)	2.4762 *** (49.62)
拟合优度	0.569	0.530	0.280	0.508	0.610	0.581
观测值	687753	687753	161915	161915	590934	590934
chi2（1）_ P	0.000	0.000	0.000	0.000	0.000	0.000

（3）分所有制类型的回归结果。根据表 4-9 中第（1）、（3）、（5）、（7）列的回归结果显示，出口行为对港澳台企业、外资企业影响较大，对私营、国有企业的影响较小。进一步利用其他各列的结果计算各所有制类型行业的条件关系曲线门槛值：国有企业 5.38，私营企业 6.32，外资企业 6.75，港澳台企业 6.71。外资和港澳台企

---

① 根据 LP 法下企业生产率的测算，劳动密集型、技术密集型、资本密集型企业的平均值分别为 6.20、6.38、6.43，劳动密集型企业最低。

业"质量升级效应"最弱，这主要是源于其产品质量升级较于发达国家市场难度更大。外资和港澳台企业主要是通过"全球价值链治理"，利用中国相对低廉的要素成本进行生产。由于其相对于国内企业的技术、质量优势，故在中国国内的加成率相对较高，但是在出口市场更容易偏向"低质、低价、低加成率出口"模式，两种力量相互作用使其出口行为对加成率的负向作用最为明显。

表4-9　　　出口行为对企业加成率影响（分所有制类型回归结果）

变量	(1) 国有	(2) 国有	(3) 私营	(4) 私营	(5) 外资	(6) 外资	(7) 港澳台	(8) 港澳台
$lntfp\_lp$	0.0792 *** (125.10)		0.0574 *** (215.75)		0.0493 *** (85.58)		0.0503 *** (97.00)	
$export$	-0.0032 (-1.29)	-0.0970 *** (-10.84)	-0.0032 *** (-5.45)	-0.0948 *** (-30.30)	-0.0042 *** (-3.65)	-0.1681 *** (-41.02)	-0.0071 *** (-6.81)	-0.1590 *** (-42.64)
exp_tfp		0.0180 *** (13.54)		0.0150 *** (31.56)		0.0249 *** (42.82)		0.0237 *** (43.21)
ms	-0.0034 (-0.16)	-0.0349 (-1.63)	-0.1440 *** (-18.60)	-0.2920 *** (-36.20)	0.0090 (0.70)	-0.0137 (-1.05)	0.1820 *** (13.33)	-0.0011 *** (-63.44)
$lnscale$	0.0071 *** (6.81)	0.0259 *** (24.10)	0.0012 *** (3.76)	0.0138 *** (42.31)	0.0086 *** (10.14)	0.0235 *** (27.93)	0.0053 *** (7.55)	0.0196 *** (27.74)
hhi	-0.0386 (-1.55)	-0.0494 * (-1.90)	-0.0003 (-0.03)	-0.0142 (-1.20)	-0.0232 (-1.25)	-0.0291 (-1.54)	0.0389 ** (2.08)	0.0354 * (1.85)
$input\_ratio$	-1.3680 *** (-354.42)	-1.6310 *** (-482.18)	-1.7640 *** (-817.82)	-2.0042 *** (-1036.81)	-1.7440 *** (-420.64)	-1.8940 *** (-512.94)	-1.5460 *** (-410.43)	-1.7020 *** (-498.29)
soe	-0.0077 *** (-4.58)	-0.0142 *** (-8.07)	-0.0129 *** (-2.86)	-0.0161 *** (-3.42)	-0.0066 * (-1.77)	-0.0072 * (-1.90)	-0.0105 *** (-3.15)	-0.0114 *** (-3.33)
$lambda$	0.0067 *** (4.41)	0.0069 *** (4.56)	0.0245 *** (42.19)	0.0236 *** (42.35)	0.0620 *** (40.63)	0.0469 *** (32.12)	0.0789 *** (60.69)	0.0597 *** (46.15)
常数项	1.6552 *** (35.79)	2.1270 *** (44.08)	2.2180 *** (53.33)	2.6440 *** (60.82)	2.2531 *** (36.47)	2.5436 *** (40.40)	1.9620 *** (16.39)	2.2380 *** (18.26)
拟合优度	0.541	0.477	0.632	0.613	0.631	0.607	0.578	0.549
观测值	174189	174189	513209	513209	142249	142249	163023	163023
chi2 (1) _ P	0.000	0.000	0.000	0.000	0.000	0.000	0.000	0.000

五　稳健性检验

为了使实证部分的结果更加稳健，本章在上述计量结果的基础上，还进行了以下 4 种稳健性检验。其中稳健性检验 1、2 主要验证理论部分提出的命题是否正确；稳健性检验 3、4 主要减少内生性对计量结果的影响。

（1）面板门限效应检验。为进一步确定企业出口与加成率的条件关系以及出口产品质量与企业生产率之间可能存在的非线性关系，本章引入面板门限效应检验，选取 lntfp_lp 作为门限变量。为确定门限的个数，依次对模型进行单一、二重、三重等门限效应检验，根据 F 值和自举法（Bootstrap）所得 P 值来判断应选择的门限效应模型。从表 4-10 的面板门限效应自抽样检验中可以观察到以下两点：一是出口对于企业加成率的作用受到生产率影响；二是生产率对企业产品质量选择的作用也受制于生产率高低，都表现为非线性的作用形式。进一步根据表 4-11 中回归结果可知生产率影响方向和大小。其中第（1）、（2）、（3）、（4）列汇报了出口对企业加成率的影响，当企业生产率低于门限值（ln$tfp\_lp<6.851$）时，出口对企业加成率有负向作用，表现为出口企业"低加成率陷阱"。当生产率超过该门限值时，出口会提高企业的加成率，甚至当生产率超过 7.514 时，这种正向作用还会被放大。这就验证了出口对企业加成率的作用关于生产率呈现条件关系。

表 4-11 中第（5）、（6）、（7）列表明出口企业质量选择机制受到生产率的影响，当企业生产率低于 6.991 时，企业的生产率对产品质量没有显著影响，当生产率超过该门限值时，企业生产率对产品质量会有正向作用。这一结果显示，出口企业的产品质量选择确实受到生产率的影响。当企业生产率低于门限值时，"质量升级效应"低于"竞争加剧效应"，因此生产率对企业产品质量并不能产生显著作用；当企业生产率超过门限值时，"质量升级效应"大于"竞争加剧效应"，因此生产率对企业的产品质量起到显著正向作用。作为稳健性检验，这两种面板门限回归的门限值非常接近（6.851 和 6.991），与基准回归中估算的"低加成率陷阱"临界值 6.93 也

较为吻合。[①] 因此，该检验从"质"（条件关系及其作用机理）和
"量"（生产率门限值）对理论部分的命题进行了充分验证。[②]

表4-10　　　　　　　　　面板门限效应自抽样检验

因变量	门限变量	门限依赖变量	模型	F 值	BS 次数	临界值（%）		
						1	5	10
$\mu\_revenue$	$\ln tfp\_lp$	export	单一门限	15.251	50	2.905	2.905	2.114
			双重门限	33.101	50	2.914	2.914	1.963
			三重门限	13.958	50	0.987	0.987	0.961
			四重门限	0.625	50	0.784	0.784	0.762
			三重门限模型		门限值	95%置信区间		
					5.581	[5.338, 5.797]		
					6.851	[6.758, 6.862]		
					7.514	[7.210, 8.217]		
$quality$	$\ln tfp\_lp$	$\ln tfp\_lp$	单一门限	71.569	50	2.557	2.557	1.766
			双重门限	5.184	50	3.731	3.731	2.351
			三重门限	2.016	50	2.503	2.503	2.477
			双重门限模型		门限值	95%置信区间		
					6.991	[6.915, 7.056]		
					7.914	[7.426, 8.781]		

（2）TFP 不同分位数回归检验。表4-12 汇报了 TFP 不同分位
数的回归结果，根据第（1）、（2）、（3）、（4）列的结果可知，
TFP 对企业加成率的正向作用是显著的。另外，出口对企业加成率
的影响在生产率上呈现出条件关系，即负向影响先强化、再减弱。

---

① 更精确的说明是，6.851、6.991、6.93 对应的企业生产率分位数分别为70%、
74%、73%，在考虑计量误差可能性的情况下，可以认为上述数值很接近。

② 需要说明这里采用的面板门限回归均需使用平衡面板（Hansen，2000），因此有
必要对样本总体和平衡面板数据的相似性做充分证明，本章在表4-1和表4-2中对上述
工业企业数据和工业企业—海关匹配数据的处理前后样本的特征性变量进行了汇报，结
果显示并无明显差异，故认为面板门限回归的结果对整体适用性较好。

位于 25%TFP 分位数的企业生产率较低，大多无法克服出口的固定成本，因而出口份额较少，出口对加成率的扭曲效应也较小。从 50% 到 75%TFP 分位数，企业生产率逐渐增强，企业位于图 4-2 中（ $c^T < c < c^F$ ）区域，"U"形曲线的顶点就位于这一区间（TFP50% 到 75% 分位数）。高生产率的企业（超越 TFP75% 分位数）出口行为对加成率影响最小，系数仅为 -0.0010，这也验证了基准回归对"U"形曲线门槛值的估计，其近似值为 6.93（约是 TFP75% 分位数），该类企业有相当部分跨越了阶段性"低加成率陷阱"。第（5）、（6）、（7）、（8）列的结果也进一步验证了命题 2 的正确性。

表 4-11　　　　　　　　　　　面板门限效应回归结果

变量	因变量:$\mu\_revenue$				因变量:$quality$		
	(1) (0, 5.581)	(2) (5.581, 6.8511)	(3) (6.851, 7.514)	(4) (7.514, ∞)	(5) (0, 6.991)	(6) (6.991, 7.914)	(7) (7.914, ∞)
$export$	-0.1072 *** (-7.91)	-0.0305 *** (-3.36)	0.0269 *** (2.56)	0.0712 *** (6.63)			
$lntfp\_lp$					0.0130 (0.59)	0.0146 *** (7.47)	0.0156 *** (8.26)
ms	-0.4285 *** (-21.19)				0.0483 *** (4.22)		
$lnscale$	0.0177 *** (4.69)				0.0230 *** (8.85)		
hhi	-0.0682 (-0.80)				-0.0593 (-1.51)		
$input\_ratio$	-0.8565 *** (-88.25)				0.0681 *** (5.88)		
soe	-0.0086 (-1.36)				-0.0164 ** (-2.31)		
观测值	348468				32130		

注：限于篇幅，稳健性检验仅汇报关键变量的结果，这里的门限变量 $lntfp\_lp$ 均指 LP 法的企业生产率，回归均包含控制变量。下表同。

（3）考虑遗漏变量的检验。遗漏变量可能会造成参数估计的内生性问题。Jaimovich 和 Floetotto（2008）论证了企业营销活动对加成率的影响。广告费投入是企业营销活动的主要方式，因此用广告费对数值（lnggf）作为营销活动的代理变量。由于中国工业企业数据库仅提供了部分企业的广告费，本章选取广告费为正的样本做稳健性检验。另外，出口退税、出口补贴等贸易政策会影响企业加成率（盛丹和王永进，2012）。本章采用增值税率和营业外收入率，分别作为出口退税和出口补贴的代理变量。①

表4-12　　　　　　　　　　TFP 不同分位数回归结果

变量	（1）	（2）	（3）	（4）
	25%	50%	75%	100%
ln*tfp_ lp*	0.0710 ***	0.0899 ***	0.0825 ***	0.0553 ***
	（174.45）	（101.26）	（94.90）	（107.28）
export	−0.0038 ***	−0.0088 ***	−0.0078 ***	−0.0010 ***
	（−3.29）	（−8.36）	（−8.01）	（−5.67）
exp_ tfp				
ms	−0.1201 ***	−0.0247 ***	−0.0043	−0.0458 ***
	（−9.94）	（−3.11）	（−0.53）	（−5.72）
其他控制变量	是	是	是	是
拟合优度	0.534	0.637	0.691	0.777
观测值	504395	506339	506300	505319
变量	（5）	（6）	（7）	（8）
	25%	50%	75%	100%
ln*tfp_ lp*				
export	−0.1030 ***	−0.3343 ***	−0.3340 ***	−0.0764 ***
	（−21.62）	（−33.40）	（−33.36）	（−15.30）
exp_ tfp	0.0209 ***	0.0555 ***	0.0497 ***	0.0094 ***
	（22.57）	（33.07）	（32.99）	（15.08）
ms	−0.0479 ***	0.0053	−0.0282 ***	−0.0783 ***
	（−3.73）	（0.65）	（−3.40）	（−9.60）
其他控制变量	是	是	是	是
拟合优度	0.477	0.623	0.681	0.769
观测值	504395	506339	506300	505319

----

① 其中增值税率＝增值税/工业增加值，营业外收入率＝营业外收入/工业增加值。参见盛丹和王永进（2012）。

国内外的研究均表明市场规模可能具有内生性（黄玖立和李坤望，2006），会导致参数估计有偏。本章借鉴冯伟等（2011）的方法，采用市场规模工具变量解决内生性问题。其基本做法是：以各省份省会到上海或香港距离倒数乘以当年人民币兑美元平均汇率（直接标价法）作为市场规模工具变量（*ms_ IV*）。① 为避免企业生产率测度方法对计量结果的影响，该组回归中还加入 ACF 法测度的生产率，对 LP 法进行有益的补充。在控制营销费用对企业加成率的影响下，表 4-13 中第（1）、（3）列显示 *export* 系数显著为负，ln*ggf* 系数显著为正，这与理论预期一致，第（2）、（4）列验证了条件曲线关系仍然成立。其中（1）、（2）与（3）、（4）的回归系数差异均是由于 ACF 法和 LP 法测量结果不同造成的。第（5）、（6）、（7）、（8）列在营销费用基础上还控制了贸易政策对企业加成率的影响，与基准回归一致的结论依然稳健。这组回归表明即使控制了企业营销费用、贸易政策等因素，本书所刻画的阶段性"低加成率陷阱"仍然存在。

表 4-13 　　　　　　　　　加入遗漏变量的回归结果

变量	(1) 营销费用	(2) 营销费用	(3) 营销费用	(4) 营销费用	(5) 贸易政策	(6) 贸易政策	(7) 贸易政策	(8) 贸易政策
ln*tfp_ lp*	0. 0369 *** (53. 82)				0. 0358 *** (45. 97)			
ln*tfp_ acf*			0. 0427 *** (63. 14)				0. 0413 *** (53. 99)	
export	-0. 0046 *** (-3. 75)	-0. 0576 *** (-10. 85)	-0. 0041 *** (-3. 36)	-0. 0639 *** (-16. 27)	-0. 0038 *** (-2. 80)	-0. 0391 *** (-6. 58)	-0. 0036 *** (-2. 64)	-0. 0475 *** (-10. 82)
exp_ tfp_ lp		0. 0078 *** (10. 68)				0. 0052 *** (6. 42)		

① 地理因素一般认为是外生给定的，对于经济而言是前定变量。加入汇率主要是使得各省的市场规模动态化，避免固定值带来的计量偏差。国际金融理论指出：名义汇率贬值有利于出口，市场规模增加；反之，市场规模会减小。并且汇率对于各省来说是外生给定的。

续表

变量	(1) 营销费用	(2) 营销费用	(3) 营销费用	(4) 营销费用	(5) 贸易政策	(6) 贸易政策	(7) 贸易政策	(8) 贸易政策
exp_tfp_acf				0.0125*** (16.45)				0.0099*** (10.91)
ms_IV	-0.2190*** (-7.26)	-0.2690*** (-8.84)	-0.2010*** (-6.70)	-0.2703*** (-8.87)	-0.2604*** (-7.55)	-0.3093*** (-8.89)	-0.2450*** (-7.17)	-0.3110*** (-8.96)
$lnggf$	0.0010*** (3.99)	0.0027*** (10.32)	0.0010*** (4.09)	0.0026*** (10.10)	0.0009*** (3.30)	0.0023*** (8.05)	0.0009*** (3.39)	0.0022*** (7.91)
sub_ratio					0.0019*** (7.54)	0.0014*** (5.38)	0.0019*** (7.75)	0.0014*** (5.56)
vat_ratio					0.0021*** (15.31)	0.0016*** (11.18)	0.0022*** (16.02)	0.0016*** (11.19)
其他控制变量	是	是	是	是	是	是	是	是
观测值	214409	214409	214409	214409	185288	185288	185288	185288
拟合优度	0.698	0.678	0.726	0.683	0.669	0.639	0.713	0.671

（4）倾向得分匹配（PSM）。为进一步减少内生性对计量结果的影响并验证出口企业加成率与生产率之间存在的条件关系。本章采用 Rosenbaum 和 Rubin（1983）提出的倾向得分匹配，对不同生产率的出口和不出口企业加成率差异进行比较。选取 2007 年的截面数据作为样本。①

其基本步骤如下。第一步，区分两组需要匹配的对象。前文的实证结果表明：当出口企业的生产率大于 6.93 时就会跨越"低加成率陷阱"，其门槛值经检验较为稳健。② 因此，此结果作为已知，将出口企业分为低生产率组（$lntfp\_lp \leqslant 6.93$）和高生产率组（$lntfp\_lp > 6.93$），分别与不出口企业进行匹配，寻找两种情境下的

---

① 选用截面数据，主要是因为避免非持续性出口企业同时在处理组和控制组而出现的计量偏差。因这部分检验仅验证不同生产率出口企业与不出口企业加成率的差距，所以截面数据并不影响计量结果。

② 本章对该门槛值的估算和稳健性检验可见于基准回归、面板门限效应检验。

"反事实"。第二步，选取影响企业特性的因素，① 使用 Logit 模型进行回归，得到每个样本的倾向性得分。第三步，采用最近邻匹配法（Nearest-neighbor matching）对样本进行倾向得分匹配。第四步，分别计算匹配前和匹配后低生产率出口企业（处理组）和不出口企业（控制组）以及高生产率出口企业（处理组）和不出口企业（控制组）的加成率均值差距。第五步，检验变量的平衡性。具体结果如表 4-14 和表 4-15 所示。

表 4-14　　　　企业加成率倾向得分匹配（PSM）前后均值差异

分组	样本	处理组	控制组	差距	标准差	T 值
低生产率组	匹配前	1.2270	1.3356	−0.1086	0.0011	−95.19***
	匹配后	1.2270	1.2714	−0.0444	0.0016	−28.20***
高生产率组	匹配前	1.3357	1.3223	0.0134	0.0017	7.90***
	匹配后	1.3288	1.3223	0.0065	0.0028	2.31**

表 4-15　　　　　　　　匹配变量平衡性检验

	变量		均值		偏差（%）	偏差减少（%）	T 检验的 P 值
			处理组	控制组			
低生产率组	l	匹配前	5.2195	4.4604	71.5	98.2	0.000
		匹配后	5.2191	5.2056	1.3		0.254
	$pwage$	匹配前	19.1030	16.5020	29.8	92.2	0.000
		匹配后	19.1020	19.3040	−2.3		0.125
	$lnscale$	匹配前	10.2610	9.6686	41.9	98.6	0.000
		匹配后	10.2610	10.2530	0.6		0.317
	$input\_ratio$	匹配前	0.6399	0.6283	11.1	90.6	0.000
		匹配后	0.6399	0.6410	−1.1		0.057
	fzl	匹配前	0.5512	0.5287	8.8	89.8	0.000
		匹配后	0.5512	0.5535	−0.9		0.083

①　本章选取了从业人数对数值（l）、人均工资（$pwage$）、企业规模（$lnscale$）、中间品投入比例（$input\_ratio$）和资产负债率（fzl）作为描述企业特性的变量。

续表

变量		均值		偏差（%）	偏差减少（%）	T检验的P值
		处理组	控制组			
高生产率组	l 匹配前	5.8767	4.4604	10.5	99.1	0.000
	l 匹配后	5.8755	5.8624	1.2		0.172
	pwage 匹配前	21.8420	16.5020	58.0	94.7	0.000
	pwage 匹配后	21.8390	22.1220	-3.0		0.019
	lnscale 匹配前	11.2240	9.6686	109.2	97.5	0.000
	lnscale 匹配后	11.2220	11.2610	-2.7		0.054
	input_ ratio 匹配前	0.6194	0.6283	-8.2	41.3	0.000
	input_ ratio 匹配后	0.6194	0.6141	4.8		0.063
	fzl 匹配前	0.5429	0.5287	5.7	96.1	0.000
	fzl 匹配后	0.5429	0.5435	-0.2		0.776

　　表4-14中显示匹配后，低生产率出口企业的平均加成率比不出口企业低0.0444，且T检验值显著。这说明平均意义上，中国出口企业生产率低于6.93时处于阶段性"低加成率陷阱"区域，出口会引起企业加成率下降。高生产率出口企业的平均加成率比不出口企业高0.0065，T值显著。这就验证了当出口企业的生产率超过门槛值时，就会跨越"低加成率陷阱"，出口会提高企业加成率。表4-15汇报了变量平衡性检验结果，结果显示匹配后所有变量的偏差绝对值小于5%，匹配后偏差有较大幅度下降，另外匹配后T检验对应的P值（高生产率组中pwage除外）均大于5%，说明变量的平衡性较好，均值差异检验是有效的。

第五节　进一步分析：纳入出口模式的结构视角

　　上文中已经构建了出口影响企业加成率的静态基准模型，并通过"质量升级效应"和"竞争加剧效应"深入分析了中国出口企业

"低加成率陷阱"的理论机制。但是，中国出口中有相当比例通过贸易中间商间接出口，而这一典型化事实并未在基准模型中加以讨论。这部分将企业出口模式引入静态基准模型，从结构视角出发提供关于"低加成率陷阱"的另一可能解释。

出口模式（Export mode）是企业进行对外贸易需考虑的重要决定因素之一，[①] 部分企业因受限于较高的国外市场进入标准、较高的产品运输与通关成本等因素而难以像直接出口企业直接接触国外市场，其货物与服务的跨国交易就需要贸易中间商来完成，作为经济代理人（Economic agents）的贸易中间商从供应商手中购买货物并转卖给最终消费者或者为买卖双方搭线牵桥。大量研究通过各国贸易数据发现了贸易中间商的真实存在及其在国际贸易中的作用（Bernard et al., 2010；Akerman, 2010；Blum et al., 2010）。纵观当前相关领域的文献可以发现，企业出口模式的内生选择问题已经被众多学者从生产率渠道进行了详细刻画，但目前还鲜有研究关注企业出口模式选择对于企业加成率动态的异质性影响。同时，虽然我国出口企业所存在的"低加成率陷阱"现象已获共识，但鲜见基于企业出口模式选择影响的分析。而从实证研究层面来看，国内已有相关研究主要以世界银行发布的 2013 年中国企业调查数据作为样本，这可能使样本的代表性存疑，并引致潜在的样本选择偏误。截面数据的特性导致企业生产率无法测算，而以企业规模作为代理变量又会使回归结果存在较大偏误。因此，本章的研究将从理论与实证两个方面扩展和丰富当前的相关研究领域：首先基于扩展的 MO 模型从理论上探讨企业选择不同出口模式对于企业加成率的影响机制与作用渠道，这填补了相关理论研究领域的空白；在此基础上，通过工业企业—海关匹配数据库并结合 Bai 等（2017）所提出的新的出口模式识别方法对理论命题进行了检验。实证方法能有效克服

---

① 不同于通常意义上所认为的按加工和一般贸易区分的贸易方式，本章的出口方式主要指直接和间接出口贸易，其区分标准为企业的出口行为是否通过贸易中间商来展开。

样本选择性偏误问题以及企业生产率测算问题，同时较大的样本容量也保证了分析结果的代表性与稳健性。

一 理论模型扩展及命题提出

（1）模型假定。这里同基准模型设定。

（2）静态模型结果。

①需求与消费者偏好。两个国家的代表性消费者拥有以下拟线性效用函数：

$$U = q_0^c + \alpha \int_{i \in \Omega} q_i^c di + \psi \int_{i \in \Omega} e^{z_i} q_i^c di - \frac{1}{2} \gamma \int_{i \in \Omega} (q_i^c)^2 di - \frac{\eta}{2} \left(\int_{i \in \Omega} q_i^c di \right)^2$$

（4-18）

其中 q_0^c 表示传统商品，q_i^c 表示第 i 种工业品。参数 α、ψ、γ、η 均大于 0，刻画商品间替代弹性，γ 表示工业品之间的替代弹性，α，η 表示工业品与传统商品之间的替代弹性。e^{z_i} 表示在外国 F 可能面临的外生需求冲击（Berman et al.，2015），[①] ψ 表示需求冲击的作用弹性。

根据式（4-18），可以求得在每个市场工业品 i 的线性需求函数：$l = H，F$。

$$q_i^l \equiv L^l q_i^c = \frac{\alpha L^l}{\eta N^l + \gamma} - \frac{L^l}{\gamma} p_i^l + \frac{\eta N^l}{\eta N^l + \gamma} \bar{p}^l + \frac{L^l \psi}{\gamma} e^{z_i} - \frac{\eta N^l L^l \psi}{\eta N^l + \gamma} \bar{e}^{z_i}$$

（4-19）

N^l 表示一国所有商品种类，$\bar{p}^l = 1/N^l \int_{i \in \Omega^{*l}} p_i^l di (\Omega^{*l} \subset \Omega)$、$\bar{e}^{z_i} = 1/N^l \int_{i \in \Omega^{*l}} e^{z_i} di$ 分别是一国商品平均价格和需求冲击平均值。令需求为 0，可求得一国市场商品最高价格 p_{max}^l。根据 MO 模型的基本结果，出口市场存在竞争加剧效应，外国市场的平均价格和最高价格

---

① e^{z_i} 是以自然常数为底的指数函数，z_i 表示企业面临的特定市场需求冲击，假定本国市场 $Z^H \to -\infty$，式（4-18）同 MO 模型设定，在外国市场企业面临不确定性需求冲击，比如偏好差异、质量差异等因素。式（4-18）设定参考 Antoniades（2015）。

均低于本国市场，即 $\bar{p}^F < \bar{p}^H$，$\bar{p}^F_{\max} < \bar{p}^H_{\max}$。

②供给与生产者行为。同 MO 模型基本假定，模型中仅有一种生产要素劳动力，单位工资标准化为 1。传统商品生产技术规模报酬不变，工业品生产技术规模报酬递增，企业需要支付本国生产的固定成本 f_{EH} 进入市场，之后随机抽取一个边际成本 c_i。[①] 代表性企业的可变成本函数是：

$$C(q_i) = c_i q_i \qquad (4-20)$$

企业根据利润最大化原则选择自身产量，以满足国内市场。部分企业除供应国内市场 H 外，还会出口到国外市场 F，出口需要支付冰山运输成本 $\tau > 1$，企业边际成本变为 τc。企业 i 的决策行为可以记为 $d^v_i = \{0, 1\}$，$v = \{H, I, D\}$，分别表示内销、间接出口和直接出口，根据相关文献不同决策行为的进入成本具有异质性（Ahn et al.，2011），内销、间接出口和直接出口的固定成本满足 $f_{EH} = f_{EI} = f_{ED}$。与 MO 模型不同，本章假定企业 i 在本期选择不同行为后会影响下一期生产率 ω_i 和需求冲击系数 z_i。企业内销和出口的临界成本分别为 $c^H = p^H_{\max}$ 和 $c^F = p^F_{\max}/\tau$，易知 $c^H > c^F$。根据上述分析，可以将企业生产行为进行排序：$c > c^H$ 的企业退出市场，$c^F < c \leqslant c^H$ 的企业仅供应本国市场，$c \leqslant c^F$ 的企业既供应本国市场又出口到外国市场。根据利润最大化原则，可求得本国市场 H 和外国市场 F 销售商品的数量和价格函数[②]：

$$p^H_i = \frac{1}{2}(c^H + c_i) \qquad (4-21a)$$

$$p^D_i = \frac{\tau}{2}(c^F + c_i) + \frac{1}{2}\psi e^{z^F_i} \qquad (4-21b)$$

---

① 这里沿用 MO 模型的假定，认为企业边际成本 $c \sim G(c)$，其中 $G(c) = (c/c_M)^K$，$c \in [0, c_M]$ 服从帕累托分布。企业 i 在支付国内生产的固定成本 f_{EH} 之后，可以观测自身的边际成本 c，同时掌握边际成本的分布 $G(c)$。

② 这部分仅考虑内销和直接出口行为，针对间接出口的讨论在第③部分。

$$q_i^H = \frac{L^H}{2\gamma}(c^H - c_i) \tag{4-22a}$$

$$q_i^D = \frac{L^F \tau}{2\gamma}(c^F - c_i) + \frac{L^F}{2\gamma}\psi e^{z_i^F} \tag{4-22b}$$

根据式（4-21a）、（4-21b）、（4-22a）和（4-22b），企业 i 在本国 H 和直接出口至外国 F 的绝对加成率 μ_i^ν 为：

$$\mu_i^H = \frac{1}{2}(c^H - c_i) \tag{4-23}$$

$$\mu_i^D = \frac{\tau}{2}(c^F - c_i) + \frac{1}{2}\psi e^{z_i^F} \tag{4-24}$$

③出口中间商行为。假定出口中间商市场完全竞争，即每个中间商加价率外生给定，不妨设为 $com \in (1, 2)$。① 易知 $com - 1$ 是中间商佣金率。同 Ahn 等（2011）中设定，本章将中间商视为企业的一种出口技术，即支付一定佣金，可以较低固定成本 f_{EI} 进入外国市场 F。选择间接出口企业面临两步决策过程：给定当前的加价率 com，决定自身的出口价格、出口量和加成率，其表达式如下：

$$p_i^l = \frac{\tau}{com}\big[c^F + (2 - com)c_i\big] + \frac{1}{2}\psi e^{z_i^F} \tag{4-25}$$

$$q_i^l = \frac{L^F \tau}{2\gamma com}\big[(2com - 1)c^F - (2 - com)c_i\big] + \frac{L^F}{2\gamma}\psi e^{z_i^F} \tag{4-26}$$

$$\mu_i^l = \frac{\tau}{2com}\big[c^F + (3com - 2)c_i\big] + \frac{1}{2}\psi e^{z_i^F} \tag{4-27}$$

④企业平均加成率的决定。本章实证部分将对企业加成率进行测算，由于数据所限，无法区分企业在本国市场和外国市场的加成率，因此，有必要构造一个以销售量为权重的企业平均加成率。其表达式为：

———————————

① 这里 com 的取值主要考虑确保式（4-25）中 p_i^l 和 c_i 正相关，即生产率高的企业出口价格低，实务中中间商佣金率一般低于 10%。

$$\bar{\mu}_i = \begin{cases} \dfrac{1}{2}(c^H - c_i), \ d_i^H = 1 \\[2mm] \dfrac{1}{2} \dfrac{L^H(c^H - c_i)^2 + (\tau^2 L^F + 2\tau L^F \psi e^{z_i^F})(c^F - c_i) + L^F \psi^2 e^{2z_i^F}}{L^H c^H + \tau L^F c^F - (L^H + \tau L^F)c_i + L^F \psi e^{z_i^F}}, \ d_i^D = 1 \\[2mm] \Psi(c_i, z_i^F, c^H, c^F, L^H, L^F, \tau, com), \ d_i^I = 1 \end{cases}$$

$$(4-28)$$

根据式（4-28），可得静态模型下两个命题：

命题 5：控制企业出口行为，企业平均加成率 $\bar{\mu}_i$ 与边际成本 c_i 负相关。

命题 6：出口企业平均加成率 $\bar{\mu}_i$ 与边际成本 c_i 相关，与企业需求冲击系数 z_i^F 正相关。

二　数据、变量及描述性统计

（1）变量调整与测算。

①直接出口和间接出口模式界定目前对于直接出口和间接出口模式的界定，学界并无统一标准，根据使用的数据库基本上可以分为两大类方法，即直接法和间接法。相关研究根据世界银行企业调查数据（World Bank Enterprise Surveys）提供的企业出口模式界定直接和间接出口（Abel‐Koch，2013；Bernard et al.，2015），由于无须进一步推定，将其称为直接法。① 针对中国出口企业的间接法主要使用海关数据库和工业企业—海关匹配数据库，其中通过海关数据库识别主要根据企业关键字段检索，相关研究指出海关数据库中存在相当比例贸易中间商（Intermediary），根据企业名称中是否含有贸

---

① 世界银行企业调查数据可参见：http：//www.enterprisesurveys.org。最近一次关于中国的是 2012 年企业调查数据，共包括 2700 家企业，其中制造业 1692 家、零售业 158 家、其他服务业 850 家，该数据库基于企业问卷调查汇报了直接和间接出口情况。

易相关字段识别不同出口模式（Ahn et al.，2011）。① 通过工业企业—海关匹配数据库的研究主要是根据出口企业是否同时出现在两大数据库中进行推定（Bai et al.，2017）。② 直接法的优点在于识别准确性最高，无须推定过程，但是样本量相对较少（仅 1692 家制造业企业），因此存在代表性较差和严重样本选择性问题。间接法都能较为全面地反映中国出口企业情况，其中使用海关数据库的劣势在于缺少企业财务信息，无法进一步研究不同贸易模式下的企业绩效，而工业企业—海关数据库较好地弥补了这一不足，因此本书通过匹配数据识别不同出口模式。具体的处理步骤是：第一，删去加工贸易样本，根据相关文献加工贸易进入的固定成本显著低于一般贸易企业（Dai et al.，2016），因此为避免可能对计量结果的影响，仅保留一般贸易企业样本；第二，通过工业企业数据库和匹配数据库中企业是否同时出现，初步界定直接出口（*direct*）和间接出口（*indirect*）虚拟变量，如果匹配数据中包含企业出口信息，即认定为直接出口企业，工业企业数据库中汇报出口交货值而匹配数据中并无相关信息，则认定为间接出口企业；③ 第三，在稳健性检验中，本章进一步考虑了三种可能的偏误。首先，间接出口由于缺乏海关数据库信息，无法区分贸易方式，因此本章将间接出口贸易中纯出口企业删去，根据相关文献该类通常是加工贸易出口企业（Tian & Yu，2015）。其次，企业汇报误差可能性，由于海关数据库是月度数据而工业企业数据库是年度数据，存在部分年底出口样本（12 月），由于运输、海关通关等操作性环节可能使其第二年真实出口，而这种

---

① 企业名称中贸易相关字段主要包括"进出口""经贸""贸易""科贸""外贸"和"工贸"等（Ahn et al.，2011）。

② 事实上，还存在更加细致的分类方法，就是在上述基础上通过匹配数据中出口额和出口交货值进行比较，如果占比不低于 90%（考虑到数据误差）则认定为直接出口企业，反之则定义为混合出口企业（包括两种方式）。

③ 还有一种海关数据库中有出口信息，但是匹配数据库中无出口交货值，该类工业企业视为中间商，并非本章研究对象。

时滞会导致将直接出口样本错误识别为间接出口，因此删去海关数据库中企业 12 月出口样本。最后，中国关于直接出口的政策规制可能对计量结果产生影响，因此在稳健性检验中本章根据是否具备自营出口权区分了受限企业和非受限企业。

②其他控制变量。本章计量模型还包括以下控制变量。一是企业规模（lnscale），通过企业当年的销售收入（sale）对数值作代理变量。二是资本劳动比（klratio），通过计算企业资本和从业人数对数值之比来衡量。三是企业所有制类型（soe），通过各企业实收资本中国有资本占比作代理变量。四是企业年龄（age），以企业建立时间对数值来衡量。五是行业竞争程度（hhi），使用 4 位码行业赫芬达尔指数来衡量行业竞争程度，其表达式为：$hhi_j = \sum_{i=1}^{n} (sale_{ij} / \sum_{i=1}^{n} sale_{ij})^2$。

三　特征性事实

（1）不同年份各类型企业观测值比较。表 4-16 汇报了不同年份不出口、直接和间接出口企业的观测值。再删去加工贸易企业样本后，总体样本量为 1327521，其中不出口、直接和间接出口企业观测值分别占比 73.05%、11.79% 和 15.16%，这表明出口企业占总体比例较小，其中出口样本中间接出口企业略多，这反映出三类企业不同的生产率进入门槛，符合理论模型中关于三类企业生产率排序的结果（Ahn et al.，2011）。分年份来看，不出口和间接出口企业在 2000 年比例最高（75.08% 和 16.45%），直接出口企业在 2000 年比例最低（8.47%）。[①] 加入 WTO（2001 年）之后，出口企业比重略有上升，其中 2004 年出口企业占比达 28.60%，较 2000 年增长 3.68 个百分点。直接出口比例呈现出增长趋势，其中 2004 年最高

[①]　本章在表 4-17 和表 4-18 中比较了不同年份的自营出口权比例和政策规制变动情况，事实上 2000—2002 年较强的政策规制对较高间接出口比例具有重要影响，具体分析可参见稳健性检验。

（14.01%），相比基期（2000 年）2006 年增长 4.98 个百分点。间接出口企业占比呈现逐年下降趋势（2005 年除外），较基期 2006 年下降 3.15 个百分点。从最后一列看，直接和间接出口企业观测值之比总体呈现出上升趋势，其中 2006 年达到最高值（101.07%），直接出口企业观测值样本期内首次超过间接出口企业。

表4-16　　　　　分年份三类企业观测值比较（2000—2006 年）

年份	不出口企业	直接出口企业	间接出口企业	总计	直接/间接
2000	94347（75.08%）	10646（8.47%）	20665（16.45%）	125658	51.52%
2001	106684（74.88%）	13453（9.44%））	22344（15.68%）	142481	60.21%
2002	112568（73.83%）	15872（10.41%）	24034（15.76%）	152474	66.04%
2003	123604（73.09%）	19213（11.37%）	26285（15.54%）	169102	73.09%
2004	169256（71.40%）	33191（14.01%）	34592（14.59%）	237039	95.95%
2005	170057（71.77%）	28613（12.07%）	38291（16.16%）	236961	74.73%
2006	193232（73.25%）	35474（13.45%）	35100（13.30%）	263806	101.07%
总计	969748（73.05%）	156462（11.79%）	201311（15.16%）	1327521	77.72%

注：第（2）—（4）列中括号内数据均为对应年份该类企业占比。直接/间接表示两类企业数量之比，表 4-17 同。

表4-17　政策规制年份企业是否具有自营出口权比较（2000—2003 年）

年份	不出口企业	直接出口企业	间接出口企业	总计	出口权	出口权比例	民营出口权比例	国有出口权比例
2000	94347	10646	20665	125658	65130	51.83%	16.11%	44.56%
2001	106684	13453	22344	142481	87588	61.47%	33.15%	57.01%
2002	112568	15872	24034	152474	98786	64.79%	45.41%	59.10%
2003	123604	19213	26285	169102	161663	95.60%	92.08%	95.80%

表4-18 自营出口权政策规制变动一览（2000—2004年） 单位：百万

时点	2000	2001.1—2001.6	2001.7—2001.12	2002.1—2003.8	2003.9—2004.6
经济特区	注册资本≥2	注册资本≥2	注册资本≥2 注册资本≥1（机电产品）	注册资本≥2 注册资本≥1（机电产品）	注册资本≥0.5
浦东新区	无差别	无差别	无差别	注册资本≥0.5	注册资本≥0.5
国有和集体企业	注册资本≥5 注册资本≥3（中西部） 注册资本≥2（机电产品） 注册资本≥2（科研院所）	注册资本≥5 注册资本≥3（中西部） 注册资本≥2（机电产品） 注册资本≥2（科研院所）	注册资本≥5 注册资本≥3（中西部） 注册资本≥2（机电产品） 注册资本≥2（科研院所）	注册资本≥3 注册资本≥2（中西部） 注册资本≥1（机电产品） 注册资本≥1（科研院所）	注册资本≥0.5
民营企业	注册资本≥8.5 净资产≥8.5 销售额≥50（连续2年） 出口额≥1（美元） 销售额≥30（机电产品） 申请批准	注册资本≥5 注册资本≥3（中西部） 注册资本≥2（机电产品） 注册资本≥2（科研院所） 申请批准	注册资本≥3 注册资本≥2（中西部） 注册资本≥1（机电产品） 注册资本≥1（科研院所）	注册资本≥3 注册资本≥2（中西部） 注册资本≥1（机电产品） 注册资本≥1（科研院所）	注册资本≥0.5

注：根据《中华人民共和国对外贸易法（1994）》、《中华人民共和国对外贸易法（2004）》和外经贸部（2003年3月整合为商务部）若干关于自营进出口权登记的《通知》整理所得。

（2）不同子样本企业出口模式比较。表4-19汇报了不同子样本企业出口模式比较，其中前3列、中间3列和后3列分别汇报了不同地区、不同要素密集度和不同所有制类型企业的情况。从出口参与度看，东部、劳动密集型和外资企业在各子样本中最高，这与预期相符。从直接出口和间接出口之比看，中部、西部、劳动密集型和民营企业占比显著低于全样本平均水平（77.72%），表现出更高的间接出口比重，一方面说明上述企业生产率水平在各子样本相对较低；另一方面根据表4-17中结果民营企业自营出口权比重在2002年之前显著低于全样本水平，这是民营企业较低直接出口比重的原因之一。东部、资本密集型、技术密集型、国有企业和外资企业样本直接出口比重显著超过全样本平均值，一方面上述样本在各子样本中生产率水平较高；另一方面根据相关规定外资企业出口其自主生产产品免予许可，国有企业许可条件相对较低，① 这是该类企业较高直接出口比例的重要外因。

表4-19　　　不同子样本企业出口模式比较（2000—2006 年）

	东部	中部	西部	劳动密集	资本密集
不出口企业	673440	197631	98677	463331	186702
	68.29%	85.17%	90.26%	69.93%	85.40%
直接出口企业	142875	9074	4513	84493	14309
	14.49%	3.91%	4.13%	12.75%	6.55%
间接出口企业	169826	25351	6134	114735	17601
	17.22%	10.92%	5.61%	17.32%	8.05%
直接/间接	84.13%	35.79%	73.57%	73.64%	81.30%
	技术密集	国有	民营	外资	
不出口企业	318386	90018	420827	106551	
	71.55%	76.45%	79.44%	41.22%	
直接出口企业	57641	18417	28916	100364	
	12.95%	15.64%	5.46%	38.83%	
间接出口企业	68946	9317	80030	51580	
	15.49%	7.91%	15.11%	19.95%	
直接/间接	83.60%	197.67%	36.13%	194.58%	

（3）不同类型企业特征变量比较。表4-20 汇报了不同类型企业特征变量的比较，其中前 6 个指标从企业规模、销售情况等角度进行比较，最后一列比较了企业生产率。其中以从业人数 (l)、资本存量 (k) 和中间品投入 (m) 看，其排序均依次为：直接出口>间接出口>不出口企业，这证实了不同出口模式下企业需要支付的固

---

① 根据《中华人民共和国对外贸易法》规定，对外贸易经营者需经国务院主管部门（商务部）许可，具备相应条件才可获得自营出口权，外商投资企业出口其生产的产品免予办理许可。上述规定在 2004 年修订后的《中华人民共和国对外贸易法》进行了调整，由许可制调整为备案登记制，大幅放宽了出口经营权。民营和国有企业相应条件变动具体可参见表4-18。

定成本差异，直接出口由于较高的进入固定成本，所以规模较大的企业才能承担（Melitz & Ottaviano，2008；Ahn et al.，2011；Bai et al.，2017）。从工业增加值（*va*）、国内销售额（*home rev.*）和出口交货值（*export rev.*）来看，[①] 其排序仍为直接出口>间接出口>不出口企业，这表明出口企业的国内、国外销售情况均显著优于不出口企业。从企业生产率看，直接出口企业的生产率最高，其次是间接出口，最低是不出口企业，这检验了理论模型中刻画的自选择效应（Ahn et al.，2011；Bai et al.，2017）。

表 4-20　　　　　不同类型企业特征变量比较（2000—2006 年）

变量	不出口企业	直接出口企业	间接出口企业	差距 1	T1	差距 2	T2	差距 3	T3
l	4.5679	5.3625	5.1279	0.7946 ***	26.48	0.5600 ***	21.91	0.2346 ***	12.31
k	8.1289	9.0030	8.2965	0.8741 ***	34.42	0.1677 ***	17.61	0.7064 ***	26.44
m	9.3447	10.2319	9.7654	0.8872 ***	33.82	0.4207 ***	13.06	0.4665 ***	14.55
va	8.3280	9.1573	8.7062	0.8293 ***	22.99	0.3782 ***	11.37	0.4511 ***	14.04
home rev.	8.7269	9.5164	9.2440	0.7895 ***	25.50	0.5170 ***	18.39	0.2725 ***	12.43
export rev.	/	9.6672	9.0559	/	/	/	/	0.6113 ***	19.02
lntfp_ lp	6.0978	6.6371	6.3595	0.5394 ***	14.79	0.2618 ***	17.73	0.2776 ***	14.10

注：差距 1 至差距 3 分别表示不同样本变量均值差距，T1—T3 是对应差距的 T 检验值。其中差距 1=直接出口-不出口、差距 2=间接出口-不出口、差距 3=直接出口-间接出口，*** 表示 1% 的显著性水平。

（4）不同类型企业生产率比较。图 4-3 汇报了三种类型企业跨年份的生产率核密度图比较，从基期（2000 年）看，企业生产率的排序满足：直接出口>间接出口>不出口企业。从分布偏度上看，三类企业均呈现出左偏分布态势，其中不出口企业生产率左偏趋势更加明显，表现出更高的低生产率企业密度。2006 年的分布仍然呈现

---

① 国内销售额（*home rev.*）和出口交货值（*export rev.*）均为对数值。

出基期的排序结果，考虑生产率的动态行为，2000—2006 年分布均
呈现出右移，表明这一时期三类企业均经历了生产率正向演进过程。
由于核密度图并未控制企业特性（特别是规模、行业特征等），所以
图 4-4 显示的动态演进程度存在选择性偏误，需要通过实证研究，
揭示不同交易方式下企业生产率的动态效应大小。

（5）不同类型企业加成率比较。表 4-21 汇报了三类企业不同
年份的加成率均值比较，总体来看表现为不出口>直接出口>间接出
口企业。根据命题 5，控制出口行为，企业加成率与生产率呈正相
关，那么表 4-21 结果表明中国企业出口行为降低了其加成率水平，
这进一步检验了本书的核心学术命题出口企业"低加成率陷阱"是
稳健成立的。

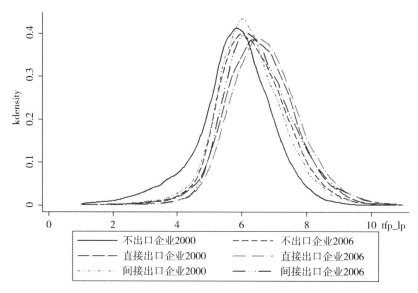

图 4-4　不同类型企业生产率核密度比较

根据式（4-28），企业出口部分的加成率实际上与生产率呈
"U"形关系，统计性结果证实中国一般贸易出口企业平均处于
"U"形左侧。本章重点关注加成率动态，从跨年份结果看，三类企
业之间加成率差距呈现出波动趋势，并未表现出明显的线性变化趋

势，这说明需要通过更为精确的计量模型进行探究。图4-5汇报了三类企业加成率的核密度图，静态分布结果和表4-21中一致，表现为不出口>直接出口>间接出口企业。动态结果显示，加成率分布右移程度：不出口>直接出口>间接出口。根据表4-20中结果出口企业规模显著大于不出口企业，根据理论模型出口动态效应取决于出口市场特定需求冲击，由于未控制上述变量，因此可能导致整体统计性结果的偏误。

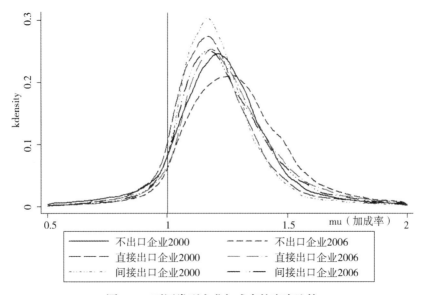

图4-5　不同类型企业加成率核密度比较

表4-21　不同类型企业分年份加成率比较（2000—2006年）

年份	整体	2000	2001	2002
不出口企业	1.2801	1.2411	1.2546	1.2641
直接出口企业	1.2639	1.2158	1.2493	1.2563
间接出口企业	1.2314	1.2074	1.2126	1.2170
差距1	−0.0162 ***	−0.0253 ***	−0.0053 ***	−0.0078 ***
差距2	−0.0487 ***	−0.0337 ***	−0.0420 ***	−0.0471 ***
差距3	0.0325 ***	0.0084 ***	0.0367 ***	0.0393 ***

续表

年份	2003	2004	2005	2006
不出口企业	1.2804	1.2791	1.2959	1.3089
直接出口企业	1.2640	1.2657	1.2739	1.2873
间接出口企业	1.2269	1.2219	1.2509	1.2586
差距1	−0.0164 ***	−0.0134 ***	−0.0220 ***	−0.0216 ***
差距2	−0.0535 ***	−0.0572 ***	−0.0450 ***	−0.0503 ***
差距3	0.0371 ***	0.0438 ***	0.0230 ***	0.0287 ***

四　计量模型与实证结果

（1）计量模型设定。这部分通过理论模型得到了不同交易方式企业静态和动态加成率效应及其作用渠道，实证部分首先检验静态模型结果，再通过拟自然实验的方法检验出口动态行为对企业加成率影响及其在不同出口模式下效应的异质性。静态模型的设定根据命题5和命题6中理论结果，加入可能影响企业加成率的控制变量和相关固定效应，具体设定如下：

$$\mu_{ijrt} = \beta_i + \beta_1 direct_{ijt} + \beta_2 indirect_{ijt} + \beta_3 \ln tfp_{ijt} +$$
$$X'_{ijt}\beta_4 + X'_{jt}\beta_5 + \{FE\} + \varepsilon_{ijrt} \tag{4-29}$$

其中 β_1 和 β_2 是静态模型关注的核心变量，其正负分别表示直接出口和间接出口企业当期加成率与不出口企业的高低，揭示命题6中出口行为当期影响的方向。β_3 主要是检验命题5是否成立，即是否存在加成率的自选择效应。X'_{ijt} 和 X'_{jt} 分别表示企业和行业层面控制变量，β_i 和 $\{FE\}$ 分别表示企业、年份、2位码行业、省份和出口目的地—年份固定效应，ε_{ijrt} 表示随机误差项，[①] 标准误聚类

[①]　ε_{ijrt} 中 r 表示出口目的国，根据相关文献需求冲击包含两部分：一是出口目的国特定冲击，二是企业—出口目的国特定冲击（Fernandes & Tang, 2014）。前者可以通过引入出口目的国—年份固定效应进行控制，后者则是出口目的国对企业产品的偏好程度（Appeal），可以通过企业出口产品质量作为代理变量（Hottman et al., 2016），基准模型中本章重点研究不同出口模式加成率效应的异质性，因此控制市场层面需求冲击，渠道检验时将会研究企业层面需求冲击的影响。

（Cluster）在 4 位码行业层面。

（2）实证结果分析。表 4-22 汇报了全样本静态效应模型结果，其中前三列基于固定效应模型，后两列汇报了系统 GMM 回归结果。根据第（1）列的结果 *direct* 和 *indirect* 系数显著为负，呈现出 *indirect* 系数绝对值更大的结果，这初步证实中国出口企业当期加成率低于不出口企业，命题 6 的实证结果表现为生产率较高的出口企业加成率更低。

表 4-22　　　　　　　　　　不同出口模式静态模型结果

变量	（1）FE	（2）FE	（3）FE	（4）系统 GMM	（5）系统 GMM
direct	−0.0121 ***	−0.0122 ***	−0.0120 ***	−0.0136 ***	−0.0135 ***
	（−3.02）	（−3.00）	（−3.18）	（−3.73）	（−4.57）
indirect	−0.0319 ***	−0.0316 ***	−0.0312 ***	−0.0415 ***	−0.0427 ***
	（−6.67）	（−6.64）	（−6.61）	（−2.69）	（−3.27）
ln*tfp_ lp*	0.2655 ***	0.2658 ***	0.2652 ***	0.2527 ***	0.2635 ***
	（31.06）	（31.68）	（31.75）	（5.15）	（6.77）
ln*scale*	−0.1638 ***	−0.1629 ***	−0.1628 ***	−0.1318 **	−0.1461 ***
	（−3.60）	（−3.55）	（−3.52）	（−2.41）	（−3.25）
klratio	0.0959 ***	0.0963 ***	0.0912 ***	0.1849 ***	0.1681 ***
	（14.85）	（14.84）	（14.83）	（6.65）	（5.20）
soe	−0.0119 *	−0.0089 *	−0.0082 *	−0.0553 ***	−0.0279 *
	（−1.91）	（−1.83）	（−1.81）	（−3.42）	（−1.91）
age	−0.0001	−0.0001	−0.0001	−0.0340 *	−0.0225
	（−0.35）	（−0.34）	（−0.32）	（−1.95）	（−1.19）
hhi	0.0125 **	0.0127 *	0.0129 *	0.0374 **	0.0404 ***
	（1.96）	（1.78）	（1.66）	（2.49）	（2.74）
常数项	1.0735 ***	1.0711 ***	1.2786 ***	0.6520 ***	0.6627 ***
	（14.70）	（15.56）	（18.03）	（2.71）	（2.92）
行业固定效应	否	是	是	是	是
省份固定效应	否	否	是	否	是
国家-年份固定效应	否	否	是	否	是
观测值	1290618	1290618	1290617	1290618	1290618
拟合优度	0.452	0.453	0.459		
AR（1）_ P				0.000	0.000
AR（2）_ P				0.103	0.087

续表

变量	(1) FE	(2) FE	(3) FE	(4) 系统 GMM	(5) 系统 GMM
Sargan_ P				0.204	0.105

注：*、** 和 *** 分别表示 10%、5% 和 1% 的显著性水平。括号内为 t 或 z 统计值，拟合优度均为组内 R^2，回归均控制了年份固定效应。

第（2）、(3) 列逐步控制了行业、省份和出口目的地—年份固定效应，其系数仍显著为负且绝对值稳健。根据第（3）列结果显示控制了生产率、国别层面需求冲击后出口企业加成率更低，其中直接出口和间接出口企业分别平均低 0.0120（0.0488 个标准差）和 0.0312（0.1269 个标准差）。$lntfp\_ lp$ 系数显著为正，这证实了命题 5 的正确性，即控制出口行为后存在生产率的自选择效应。由于市场势力较高的企业可能产生规模经济效应从而影响当期生产率和当期出口决策，固定效应模型存在"反向因果"的内生性问题，因此本章通过系统 GMM 回归控制内生性对计量结果的影响，结果汇报在第（4）、(5) 列。从关键变量系数看，呈现与固定效应模型一致的结果，根据第（5）列，直接出口和间接出口企业加成率分别平均低 0.0135（0.0549 个标准差）和 0.0427（0.1736 个标准差），这一结果同表 4-20 中统计性结果基本一致。控制变量的系数基本符合预期，其中 $klratio$ 和 hhi 系数显著为正，这说明企业资本密集度越高、行业竞争程度越弱，加成率水平越高。$lnscale$ 和 soe 变量显著为负，这说明企业规模越大、国有资本比重越高，加成率水平越低。age 变量不显著说明企业年龄对加成率无明显影响。

第六节　本章小结

本章基于扩展的 MO 模型，深入研究了企业出口行为对加成率变化的影响及其微观机制，理论部分得到了 6 个关键命题。在现有文献的基础上，提出出口企业加成率与生产率呈现的"U"形曲线关系，进而对出口企业的阶段性低加成率现象做出了理论解释。在此基础上，通过引入扩展的 MO 模型，论证了企业低加成率出口的可能机制，提出了出口企业面临的"竞争加剧效应"和"质量升级效应"。本章认为低加成率出口企业正是较低生产率水平下，"最优出口产品质量选择"所带来的一种阶段性现象。

在理论分析的基础上，本章还进行了实证研究，得到了下列计量结果：第一，控制出口行为，企业加成率与生产率呈正相关；第二，出口企业产品质量选择与生产率之间存在非线性关系；第三，中国出口企业普遍处于"低加成率陷阱"区间，这一点在总体、分地区、分行业要素密集度和分所有制的回归中都很显著；第四，出口企业加成率关于生产率的"U"形曲线关系得到验证，计量结果显示"U"形曲线的门槛值近似为 6.93，约 25% 的企业已经跨越了"低加成率陷阱"区间；第五，东部企业面临的"质量升级效应"更强烈，"质量升级"意愿较强，中部企业"质量升级"意愿居中，西部企业则因为"质量升级效应"最弱，缺乏"质量升级"意愿；第六，一般意义上认为我国具有比较优势的劳动密集型行业更多地处于"低加成率陷阱"，而技术密集型行业负向影响相对较弱；第七，出口行为对港澳台企业、外资企业加成率负向影响最大，本章认为这与部分港澳台企业、外资企业"低质、低价、低加成率出口"模式有关；第八，从不同贸易方式来看，直接出口和间接出口企业加成率均显著低于不出口企业，其中直接出口企业加成率高于间接出口企业，总体上不同贸易方式企业均处于"低加成率陷阱"区域。

第 五 章

出口与中国企业加成率动态演进：
进口中间品的视角

第四章从静态视角出发，通过构建理论模型揭示了中国出口企业存在"低加成率陷阱"的机制。在此基础上，对全样本企业产品质量效应和结构视角下不同出口模式的影响进行了计量检验。本章衔接第四章，以静态和动态视角中进口中间品企业的加成率变动作为研究对象，深入探讨进口中间品对于破解"低加成率陷阱"的具体效应，寻找推动出口企业向"优质优价"转变的潜在突破口。

第一节　引言

改革开放后特别是加入 WTO 以来，扩大出口规模是中国对外开放的主要目标，在这种贸易模式下进口一直属于"配角"，出口导向型的贸易模式是推动中国经济高速发展的重要力量（钱学峰等，2011）。然而这种"奖出限入"的贸易模式伴随2008 年全球经济危机的爆发终于受到挑战，中国的出口环境面临很大程度的恶化。《2016 年国务院政府工作报告》中明确提出中国的外贸政策逐步实现由"奖出限入"向"优进优出"转变，实施更加积极的进口政策，扩大先进技术设备、关键零部件及紧缺能源原材料进口。因此，有必要从战略角度重新审视进口对中国经济发展的作用。

2014 年以来中国经济发展进入新常态，经济增速的持续放缓让社会和学界都在热议如何实现中国经济的转型升级。一种学术观点认为提升中国企业的全要素生产率是回答该问题的关键（刘世锦等，2014）。然而，又是何种路径能促进这种转变？一种潜在的可能是进口更为先进、数量更多的中间品。理论上，进口中间品通过提供更多的中间品种类，即"水平效应"（Ethier，1982；Romer，1990）以及更高的中间品质量，即"垂直效应"（Grossman & Helpman，1991；Aghion & Howitt，1992）提升企业的生产率水平。实证上，已有相关文献证实进口中间品促进了企业全要素生产率的提升（Kasahara & Lapham，2013；陈勇兵等，2012；楚明钦和陈启斐，2013；唐东波，2014；张翊等，2015；Halpern et al.，2015）。因此，发展进口中间品贸易成为促进企业转型升级的重要力量。经济学中认为企业追求"利润最大化"，所以中间品进口是否会提升企业的盈利水平是决定企业内生选择进口中间品的重要因素。当大量的研究还在探讨进口中间品对企业生产率的影响时，还鲜有文献从理论和实证角度对进口中间品与企业盈利状况的关系进行研究。企业的盈利状况在产业组织理论中可以用加成率刻画。根据 Melitz 和 Ottaviano（2008）模型（以下简称 MO 模型）的基本结果，生产率越高的企业其加成率水平就越高，而上文的论述表明进口中间品能提升企业的生产率水平，因而自然的结果是：中间品进口企业的加成率水平应高于不进口企业。Hornok 等（2015）根据匈牙利企业微观数据的实证研究表明进口显著提升了企业加成率水平且该效应大于出口对企业加成率的影响。但是，中国企业的结果是否会相同，还没有文献给出结论。

本章认为不同贸易方式下进口中间品对企业加成率的影响存在异质性，不同贸易方式的选择隐含了中国企业全球价值链地位（张杰等，2013；Manova & Yu，2016；Kee & Tang，2016）。① 因此本章试图通过引入不同贸易方式，进而用中国企业所处全球价值链地位来解释其对加成率的影响。我国进口贸易的改善应从以数量为主转向以追求更高价值链地位为主（裴长洪，2013）。一种潜在的可能是：我国企业以较低全球价值链地位的加工贸易嵌入，可能会制约进口中间品对企业加成率的正向作用。在中国提出贸易转型升级的背景下，将全球价值链地位、进口中间品和企业加成率纳入一个研究框架下无疑具有理论意义和实践价值。

第二节　理论模型及命题提出（基准模型扩展）

一　引入进口中间品影响的分析框架

借鉴 Kasahara 和 Rodrigue（2008）的理论模型，本章引入一个包含中间品的生产函数，假定在 t 时期 i 企业的生产函数为：

$$Y_{ijt}(\varepsilon_{ijt}, d_{ijt}) = e^{\varepsilon_\psi} A_{ijt-1} L_{ijt}^\alpha \left[\int_0^{N(d_{ijt})} x(j)^{\frac{\sigma-1}{\sigma}} di \right]^{\frac{\sigma\gamma}{\sigma-1}} \qquad (5-1)$$

其中 $x(j)$ 表示企业 i 使用的第 j 种中间品。ε_{it} 表示企业 i 在 t 时期的生产率冲击，具有序列相关性。A_{it-1} 表示企业上一期的生产率水平。L_{it} 表示生产所需的劳动力。$N(d_{it})$ 表示企业 i 可以使用的中间品种类范围，其中 $d_{it} \in \{0, 1\}$ 表示是否使用进口中间品，$N(d_{it}) = (1 - d_{it})N_{dt} + d_{it}N_{ft}$。$N_{dt}$ 和 N_{ft} 分别表示国内和国外中间品的种类。α 和 γ 分别为劳动力和中间品的产出弹性，σ 表示中间品的替代弹性，令 $\sigma > 1$。有大量文献从中间品水平差异角度论述进口中间品对生产率的影响（Ethier，1982；Romer，1990）。还有一部

---

① Manova 和 Yu（2016）直接使用了不同贸易方式作为中国企业全球价值链地位的代理变量。使用更为精细的出口国内附加值（DVAR）计算的结果表明，中国企业加工贸易的 DVAR 显著低于一般贸易（张杰等，2013；Kee & Tang，2016），这验证了使用不同贸易方式定性判断中国企业全球价值链地位的合理性。

分文献从垂直差异角度讨论进口中间品的作用（Grossman & Help-man，1991；Aghion & Howitt，1992）。本章主要从水平差异 $N_{ft} > N_{dt}$（即进口中间品数量多于国内中间品）这一角度来分析这一作用机制。均衡条件下所有中间品投入是对称的，投入量均为 $\bar{x}$。因此，式（5-1）可以改写为：

$$Y_{it}(\varepsilon_{it}，d_{it}) = e^{\varepsilon_{it}}A_{it-1}L_{it}^{\alpha}X_{it}^{\gamma}N(d_{it})^{\frac{\gamma}{\sigma-1}} \qquad (5-2)$$

其中 $X_{it} = N(d_{it})\bar{x}$ 表示均衡条件下中间品的使用数量。易知，企业 i 的全要素生产率可以表示为 $A_{it} = Y_{it}/L_{it}^{\alpha}X_{it}^{\gamma}$。根据式（5-2）可知：

$$\ln A(\varepsilon_{it}，d_{it}) = \ln A_{it-1} + \frac{\gamma}{\sigma-1}\ln N(d_{it}) + \varepsilon_{it} \qquad (5-3)$$

根据式（5-3）可知，企业的生产率水平与投入的中间品种类呈正相关，进口中间品的使用可以提升企业的生产率水平。Melitz 和 Ottaviano（2008）构造可变替代弹性效用函数，将企业加成率与生产率关系形式化，实现了企业加成率的可变性。其核心观点是，企业加成率与生产率呈正相关，即 $\partial\mu/\partial A > 0$。根据这一结论，本章以 δ_i 表示企业产出—盈利比，假设 $\mu_{it}(A_{it}) = \delta_i Y_{it}(\varepsilon_{it}，d_{it})$，对该等式两边取对数可得本章计量模型的基本框架：

$$\ln\mu_{it} = \ln\delta_i + \alpha l_{it} + \gamma\ln X_{it} + \frac{\gamma}{\sigma-1}\ln N(d_{it}) + \ln A_{it-1} + \varepsilon_{it}$$

$$(5-4)$$

但是，企业选择不同贸易方式是内生的，本章更感兴趣是何种原因造成企业内生的选择加工贸易而非一般贸易，这将是解开中间品进口企业"低加成率之谜"的最重要一环。下面主要通过引入企业所处全球价值链地位的视角对中间品进口企业"低加成率之谜"作出进一步解释，在此基础上论证融资约束对于企业内生选择较低全球价值链地位贸易方式的影响。

二　分析框架扩展：一个全球价值链和融资约束的视角

企业选择不同贸易方式的内因是生产率，一般贸易中间品进口企业需要支付大量的固定成本进入进口市场，且该成本随着进口量递增，相应的只有高效率企业才能克服这一固定成本通过一般贸易方式进口中间品（Kasahara & Lapham，2013；刘晴和徐蕾，2013）。还有一个重要的外因就是融资约束（Manova，2013；Manova & Yu，2016）。不同贸易方式带来的初始成本（up-front costs）和利润分享不同，因而企业在观测自身生产率水平的基础上，需要根据自身的融资约束情况来决定何种贸易方式。本章提出一个分析框架对这一机制进行刻画。

（1）决策环境。考虑一个代表性中间品进口企业 H，假定其面临的国内外市场需求是一定的，不妨标准化为 1，其潜在收益为 R。H 生产需要采用国内中间品和进口中间品，其贸易方式可以是一般贸易（OT）、进料加工（PI）或来料加工（PA）。加工贸易进口中间品完全免税，而且厂商需按照规定进行复出口。一般贸易进口厂商需支付关税，其自主选择出口或者内销。① 国外有一进口商 F，其选择发包或者直接进口 H 的商品。假定出口退税发生在出口之后，且完全抵消前一期进口关税。

（2）企业成本分摊。一个完整的贸易过程，H 和 F 共需要支付国内物料和劳动力成本 c_d，进口中间品成本 c_f，以及国外营销和销售的固定成本 f_x，对于一般贸易中内销部分企业需要支付国内经营的固定成本 f_d。假定企业 H 存在三种离散的中间品进口方式，即一般贸易、进料加工和来料加工。H 和 F 所需分摊成本及总利润情况见表 5-1。

表5-1　　　不同贸易方式下 H 和 F 成本分摊和总收益情况

贸易方式	H 分摊成本	F 分摊成本	总收益
一般贸易	$c_d + (1 + \tau)c_f + \nu f_x + (1 - \nu)f_d$	0	$\pi_{OT} = R - c_d - c_f - \nu f_x - (1 - \nu)f_d$

① 对加工贸易进口的相关规定详见《中华人民共和国海关加工贸易货物监管办法》。

贸易方式	H 分摊成本	F 分摊成本	总收益
进料加工	$c_d + c_f$	f_x	$\pi_{PI} = R - c_d - c_f - f_x$
来料加工	c_d	$c_f + f_x$	$\pi_{PA} = R - c_d - c_f - f_x$

其中 ν 表示一般贸易中间品进口企业的内销部分，根据现有文献 $f_x > f_d$（Melitz，2003；Melitz & Ottaviano，2008），即国外经营固定成本应大于国内部分，易得 $\pi_{OT} > \pi_{PI} = \pi_{PA}$。

（3）利润分享机制。总利润需要在 H 和 F 之间分享，由于不完全合约产生的双边套牢问题（two-side hold-up problem），根据简单的纳什讨价还价博弈原理，利润分享比例取决于两者付出的成本（Nash，1950；Abreu & Pearce，2007；Rubinstein，2010）。显然国内企业 H 分享的利润：$\pi_{OTH} > \pi_{PIH} > \pi_{PAH}$，即一般贸易方式下利润最高，其次是进料加工，来料加工最低。

命题 1：中间品进口企业所处的全球价值链地位：一般贸易方式最高，而进料加工方式高于来料加工方式。其盈利情况取决于所处的全球价值链高低。

（4）融资约束与贸易方式选择。由于企业 H 需要支付初始成本才能进入进口中间品市场，因此不同融资约束情况下，企业 H 会选择不同的贸易方式。① 假设其初始资本为 T，可得以下命题。

命题 2：当 $T < c_d$ 时，中间品进口企业将会退出市场；当 $c_d < T < c_d + c_f$ 时，企业将会选择来料加工；当 $c_d + c_f < T < c_d + (1 + \tau)c_f + \nu f_x + (1 - \nu)f_d$ 时，企业将选择进料加工；当 $T \geqslant c_d + (1 + \tau)c_f + \nu f_x + (1 - \nu)f_d$ 时，企业将会选择一般贸易。

根据上述理论模型的分析，本章构造了企业全球价值链地位的代理变量 *ratio*1—*ratio*4，其具体含义详见表 5-2。本章选择了流动性

① 事实上，不同贸易选择方式还取决于企业 H 的生产率水平，这里控制自我选择效应，主要分析融资约束的影响。计量模型中，本章也已经控制了企业的生产率水平。

（*liquidity*）和杠杆率（*leverage*）来代理内部融资约束，外部融资约束代理变量选取利息率（*ext_ fin*）[①]。下面将检验命题 1 和命题 2 是否成立。

第三节　数据、变量及描述性统计

一　数据来源

主要数据来源与第四章一致，即工业企业数据和工业企业—海关匹配数据。为了获得企业进口中间品的信息，本章参考国际上通用的 BEC（Broad Economic Categories）标准产品分类编码，BEC 代码中区分了资本货物、中间货物和消费品，其中"111""121""21""22""31""322""42""53"这八类属于本章需要研究的中间产品。由于海关数据库使用 HS 编码，所以需要将 HS 编码与 BEC 编码匹配，进而筛选出进口中间品。[②] 删除进口中间品金额超过中间品投入的企业数据，主要是避免中间投入品间接进口对研究产生的影响（Koopman et al.，2012；张杰等，2013；Kee & Tang，2016）。

二　变量构造及估计

（1）中间品进口企业全球价值链地位估计。参考 Manova 和 Yu（2016），本章构建了以贸易方式刻画企业全球价值链地位的代理变量。其核心思想是：中间品进口企业的贸易方式会影响其全球价值

[①]　融资约束代理变量的选取，本章参考了孙灵燕等（2011）、鞠晓生等（2013）的研究成果。其中流动率＝（流动资产－流动负债）/固定资产合计、杠杆率＝流动负债/流动资产、利息率＝利息合计/固定资产合计。稳健性检验中本章还引入了 SA 指数作为企业融资约束的代理变量（Hadlock & Pierce，2010）。

[②]　事实上，有多套 HS 编码的版本，包括 HS1996 和 HS2002 等，本章的处理方法是将 2003—2006 年的贸易数据转换为 HS1996 编码，再与 BEC 编码进行匹配。

链的地位，根据他们的分析，一般贸易、加工贸易，以及加工贸易中的进料加工和来料加工贸易由于其利润分享机制的不同，会导致企业从贸易中获得的收益比例的差异。根据经典的全球价值链理论，位于价值链高端的企业获取更多的利润，而处于价值链低端的企业只能获得较少的利润，因此可以使用贸易方式占比作为企业全球价值链高低测度的指标。

（2）其他变量。除上述变量以外，本章的计量模型还包括出口虚拟变量（ $export$ ）以及进口中间品虚拟变量（ $import\_inter$ ）。进一步，本章将进口中间品按照贸易方式分为一般贸易、加工贸易和混合贸易，并分别设定对应的虚拟变量 $ordinary$ 、 $process$ 和 mix 。[1]

三　描述性统计

表 5-2　　　　　　　　　　　主要变量描述性统计

变量	中文名称	观测值	均值	标准差	P5	P95[2]
y	工业总产值	1363030	9.8975	1.2997	8.3332	12.1905
l	从业人数	1363021	4.7687	1.1110	3.0910	6.7382
k	资本存量	1355144	8.2758	1.7063	5.6355	11.1566
m	中间品投入	1362997	9.5293	1.3174	7.8622	11.8381
va	工业增加值	1340909	8.4961	1.3809	6.5096	10.8763
$\ln tfp\_lp$	企业全要素生产率	1333314	6.2075	1.1324	4.4712	8.0589
μ	加成率	1363030	1.2645	0.2468	0.9584	1.6711
$export$	出口虚拟变量	1363030	0.2885	0.4531	0	1
$import\_inter$	进口中间品虚拟变量	1363030	0.1363	0.6456	0	1
$ordinary$	一般贸易虚拟变量	1363030	0.0335	0.1800	0	0
$process$	加工贸易虚拟变量	1363030	0.0436	0.2043	0	0
mix	混合贸易虚拟变量	1363030	0.0449	0.7598	0	0

---

① 本章刻画的三种贸易方式具体是指：仅一般贸易、仅加工贸易和混合上述两种贸易方式的中间品进口。

② 这里的 P5 和 P95 分别表示各变量 5%和 95%分位数值。

续表

变量	中文名称	观测值	均值	标准差	P5	P95②
soe	国有资本比例	1352933	0.0872	0.2689	0	1
hhi	行业赫芬达尔指数	1363030	00179	0.0315	0.0012	0.0604
liquidity	流动性比率	1355144	1.8644	8.1405	−1.2343	5.6875
leverage	经营杠杆率	1361656	1.1729	8.3169	0.1208	2.6435
ext_ fin	外部融资能力	1355144	0.0739	3.0514	−0.0015	0.1964
sa	相对融资指数	1361695	−6.9021	0.8011	−8.3651	−5.9533
*ratio*1	加工贸易/一般贸易	173729	0.5940	0.4607	0	1
*ratio*2	进料加工/一般贸易	167394	0.5413	0.4684	0	1
*ratio*3	来料加工/一般贸易	129105	0.1831	0.3758	0	1
*ratio*4	来料加工/进料加工	117385	0.1731	0.3594	0	1

第四节　特征性事实

一　中间品进口企业与非中间品进口企业加成率差异

如表 5-3 所示，不同所有制以及不同要素密集度的企业也出现中间品进口企业加成率低于非中间品进口企业的现象，其中差距最大的是外资企业和劳动密集型企业。

表 5-3　不同类型进口、非中间品进口企业平均加成率比较（2000—2006 年）

分类	进口	标准差	企业数	非进口	标准差	企业数	差距	T 值
国有	1.2022	0.2367	2262	1.2267	0.2978	100604	−0.0245	−4.837 ***
民营	1.2518	1.2518	12012	1.2779	0.2229	518318	−0.0261	−2.284 ***
外资	1.2307	0.2718	132917	1.2799	0.2586	159739	−0.0492	−19.450 ***
劳动密集型	1.2169	0.2539	79589	1.2608	0.2339	600679	−0.0439	−46.248 ***
资本密集型	1.2789	0.2716	6683	1.3002	0.2523	92991	−0.0213	−6.221 ***
技术密集型	1.2515	0.2779	74530	1.2715	0.2527	507178	−0.0200	−18.553 ***

注：*** 表示 1% 的显著性水平（Two-tailed）。

这一统计结果表明，中国工业中间品进口企业加成率普遍低于非中间品进口企业。当然，下面通过实证检验会更加精确地探究进口与非中间品进口企业加成率的差距。

二　不同类型企业的数量和进口中间品金额统计

目前国内已有相当多文献从理论和实证角度对加工贸易和一般贸易的异质性进行了研究（刘晴和徐蕾，2013；戴觅等，2014；张杰等，2014）。因此，有必要进一步从贸易方式的角度对中间品进口企业进行探究。从表5-4可知，2000—2006年以加工贸易方式的进口中间品金额占整体的56.54%，超过了一半，而以一般贸易方式的进口中间品金额仅占41.71%，从所占比例来看，加工贸易仍然是中国企业进口中间品的主要方式。

表5-4　不同类型企业的企业数和进口中间品金额统计（2000—2006年）

企业类型	企业数	比例（%）	进口额（亿人民币）	比例（%）
总体	161056		33670.54	
一般贸易企业	45693	28.37	7550.37	22.42
加工贸易企业	59479	36.93	6224.54	18.49
混合企业	51089	31.72	19308.05（加工贸易：12811.46）	57.34（38.05）
其他	4795	2.98	587.58	1.75

三　不同类型企业平均加成率及其差距

表5-5主要对不同贸易方式中间品进口企业的加成率差异进行统计性比较。其中加成率最高的是仅一般贸易中间品进口企业，其次是混合企业，最低的是加工贸易企业。将加工贸易细分为进料加工和来料加工，可以发现来料加工企业的加成率低于进料加工企业。加成率排列顺序：仅一般贸易>混合企业>仅加工贸易。图5-1进一步汇报了不同贸易方式下进口中间品企业加成率的核密度图，同样证实存在上述加成率排序情况。

从上述特征性事实中，本章发现加工贸易方式可能是导致中间品进口企业加成率显著低于非中间品进口企业的直接原因。有很多文献已经论证了加工贸易企业事实上大都是低生产率企业，其进出口的实质都是接受国外发包商的订单，并不需要承担大量国外经营的固定成本，是造成中国企业"生产率悖论"的主要原因（刘晴和徐蕾，2013；戴觅等，2014；张杰等，2014；Yu，2014）。为进一步确定加工贸易对中国中间品进口企业"低加成率之谜"的作用机制，需要通过下文的实证分析。

表5-5　　　　不同类型企业平均加成率及其差距（2000—2006 年）

	总体	一般贸易	加工贸易	混合	进料加工	来料加工
加成率	1.2645	1.3005	1.1773	1.2427	1.1885	1.1723
标准差	0.2468	0.2951	0.2323	0.2626	0.2643	0.2249
项目	差距	T 值		项目	差距	T 值
总体——般贸易	−0.0362	−13.912***		总体–加工贸易	0.0872	62.436***
总体–混合	0.0218	12.702***		一般贸易–加工贸易	0.1232	5.754***
混合–加工贸易	0.0654	43.532***		进料加工–来料加工	0.0162	4.915***

注：*** 表示 1% 的显著性水平（Two-tailed）。

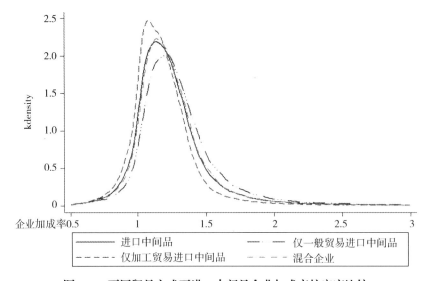

图5-1　不同贸易方式下进口中间品企业加成率核密度比较

第五节 计量模型与实证结果

一 计量模型设定

实证结果表明出口会影响企业的加成率水平（De Loecker & Warzynski，2012；Bellone et al.，2016；Lu & Yu，2015）。因此，本章最终的计量模型设定加入出口虚拟变量以及其他一些企业和行业层面的控制变量：

$$\ln\mu_{ijt} = \beta_0 + \beta_1 \ln tfp_{ijt} + \beta_2 export_{ijt} + \beta_3 import\_inter_{ijt} + \beta_4 l_{ijt} +$$
$$Z'_{ijt}\beta_5 + Z'_{jt}\beta_6 + \gamma_t + \rho_p + \zeta_j + \varepsilon_{ijt} \qquad (5-5)$$

Z'_{ijt} 为企业层面的控制变量，Z'_{jt} 表示行业层面的控制变量。计量模型还控制了时间固定效应（γ_t）、省份固定效应（ρ_p）、行业固定效应（ζ_j），ε_{ijt} 表示随机误差项。标准误聚类（Cluster）在4位码行业层面。

二 基准回归结果

基准回归结果报告在表 5-6 中，其中第（1）列是 POLS 回归，第（2）和第（3）列汇报的是固定效应回归结果。从初步回归的结果来看，生产率的影响显著为正，说明自选择效应是成立的。出口企业的加成率水平显著低于不出口企业，这一结果与现有文献一致（盛丹和王永进，2012；刘啟仁和黄建忠，2015；黄先海等，2016b）。本章感兴趣的变量 import_ inter 系数显著为负，这表明中国中间品进口企业加成率水平低于非进口企业。

进一步，第（4）和第（5）列汇报了差分 GMM 和系统 GMM 的回归结果，其参数估计几乎相同，结果表明中间品进口企业的平均对数加成率水平比非进口企业低 0.0037，这一结果与国内外现有文献的基本结论相违背，也进一步验证了本章特征性事实中所刻画的中间品进口企业"低加成率之谜"。本章特征性事实已经对中国中间品进口企业"低加成率之谜"进行了初步探索，加工贸易企业加成率水平显著低于一般贸易企业，一般贸易企业加成率水平显著高于总体平均和非进口企业。因此，本部分计量结果通过引入加工贸易，来深入探究造成谜题的原因。

　　表5-7中第（1）、（2）、（3）列的结果显示仅一般贸易的加成率水平最高，其次是非中间品进口企业，仅加工贸易中间品进口企业的加成率水平最低，混合贸易企业的加成率水平也低于非中间品进口企业。进一步，根据第（4）和第（5）列的结果可知，仅一般贸易企业比非中间品进口企业对数加成率高0.0034，仅加工贸易企业比非中间品进口企业对数加成率低0.0068，混合企业相应的低0.0022。计量结果表明，加工贸易是造成中国中间品进口企业"低加成率之谜"的直接原因，如果剔除加工贸易数据进口中间品对企业加成率的正向作用仍然成立。下面将从分地区、分行业要素密集度和分所有制企业出发进一步研究不同类型中间品进口企业受到加工贸易影响的异质性。

表5-6　　　　　进口中间品对企业加成率影响（基准回归结果）

变量	（1） POLS	（2） FE	（3） FE	（4） 差分 GMM	（5） 系统 GMM
$\ln tfp\_lp$	0.1074 *** (665.09)	0.1732 *** (693.00)	0.1803 *** (715.41)	0.2091 *** (251.88)	0.2113 *** (263.10)
$export$	−0.0570 *** (−127.16)	−0.0181 *** (−26.33)	−0.0116 *** (−17.05)	−0.0068 *** (−6.45)	−0.0070 *** (−6.59)
$import\_inter$	−0.0185 *** (−60.91)	−0.0074 *** (−15.90)	−0.0051 *** (−11.08)	−0.0037 *** (−4.26)	−0.0037 *** (−4.22)
soe			0.0044 *** (3.47)	0.0006 (0.27)	0.0003 (0.14)
l			−0.0623 *** (−150.29)	−0.0540 *** (−59.47)	−0.0547 *** (−60.04)
hhi			0.0076 (0.93)	0.0135 (1.05)	0.0136 (1.05)
$L.\mu$				0.0517 *** (20.32)	0.0637 *** (28.40)
常数项	0.6273 *** (366.27)	0.4125 *** (5.60)	0.6667 *** (9.18)	0.1741 *** (24.04)	0.1503 *** (22.00)
年份固定效应	是	是	是	是	是

续表

变量	（1）POLS	（2）FE	（3）FE	（4）差分 GMM	（5）系统 GMM
企业固定效应	否	是	是	否	否
拟合优度	0.306	0.346	0.362		
观测值	1333313	1333313	1324899	590247	901509
AR（1）_ P				0.008	0.007
AR（2）_ P				0.761	0.170
Sargan_ P				0.293	0.267

注：括号内为 t 值或 z 值；*** 表示 1% 的显著性水平（Two-tailed）。回归控制了年份固定效应和省份固定效应。拟合优度均为调整后 R^2（固定效应汇报组内 R^2）。

表 5-7　　　　　加工贸易对中间品进口企业加成率影响

变量	（1）POLS	（2）FE	（3）FE	（4）差分 GMM	（5）系统 GMM
lntfp_ lp	0.1082 ***（662.72）	0.1734 ***（693.05）	0.1803 ***（715.44）	0.2092 ***（251.87）	0.2113 ***（263.09）
export	-0.0564 ***（-125.45）	-0.0181 ***（-26.22）	-0.0116 ***（-16.97）	-0.0068 ***（-6.42）	-0.0070 ***（-6.56）
ordinary	0.0253 ***（25.39）	0.0129 ***（10.20）	0.0084 ***（6.71）	0.0035 **（2.03）	0.0034 *（1.93）
process	-0.0328 ***（-35.20）	-0.0128 ***（-9.51）	-0.0096 ***（-7.23）	-0.0067 ***（-3.75）	-0.0068 ***（-3.77）
mix	-0.0135 ***（-55.43）	-0.0057 ***（-15.96）	-0.0040 ***（-11.33）	-0.0022 ***（-4.25）	-0.0022 ***（-4.28）
soe			0.0044 ***（3.47）	0.0006（0.27）	0.0003（0.14）
l			-0.0622 ***（-150.20）	-0.0540 ***（-59.45）	-0.0546 ***（-60.02）
hhi			0.0075（0.92）	0.0134（1.04）	0.0136（1.05）
L. μ				0.0517 ***（20.31）	0.0637 ***（28.41）
常数项	0.6261 ***（365.54）	0.4123 ***（5.60）	0.6662 ***（9.18）	0.1655 ***（22.56）	0.1403 ***（20.44）
年份固定效应	是	是	是	是	是
企业固定效应	否	是	是	否	否
拟合优度	0.307	0.346	0.362		

续表

变量	（1） POLS	（2） FE	（3） FE	（4） 差分 GMM	（5） 系统 GMM
观测值	1333313	1333313	1324899	590247	901509
AR（1）_ P				0.003	0.004
AR（2）_ P				0.764	0.165
Sargan_ P				0.398	0.172

注：括号内为 t 值或 z 值；* 、** 、*** 分别表示 10%、5%、1%的显著性水平（Two-tailed）。回归控制了年份固定效应和省份固定效应。拟合优度均为调整后 R^2（固定效应汇报组内 R^2）。

三　分组回归的结果

（1）分地区的回归结果。表 5-8 中汇报了分三大地区的回归结果，其中第（1）、（3）、（5）列是固定效应模型结果，其余三列是系统 GMM 回归结果。

表 5-8　　　　进口中间品对企业加成率影响（分地区的结果）

变量	（1） 东部	（2） 东部	（3） 中部	（4） 中部	（5） 西部	（6） 西部
lntfp_ lp	0.1755 *** （623.04）	0.2057 *** （223.51）	0.1893 *** （280.25）	0.2246 *** （109.63）	0.1962 *** （214.90）	0.2207 *** （85.30）
$export$	−0.0122 *** （−16.44）	−0.0083 *** （−7.07）	−0.0119 *** （−6.46）	−0.0043 （−1.50）	−0.0174 *** （−4.71）	−0.0028 （−0.56）
$import$_ $inter$	−0.0079 *** （−3.97）	−0.0053 ** （−2.09）	−0.0060 ** （−2.23）	−0.0038 * （−1.80）	−0.0047 *** （−10.11）	−0.0024 *** （−3.60）
年份固定效应	是	是	是	是	是	是
企业固定效应	是	否	是	否	是	否
拟合优度	0.362		0.352		0.394	
观测值	995895	680579	224522	149035	104482	71895
AR（1）_ P		0.000		0.000		0.000
AR（2）_ P		0.624		0.253		0.179
Sargan_ P		0.425		0.462		0.185

注：括号内为 t 值或 z 值；* 、** 、*** 分别表示 10%、5%、1%的显著性水平（Two-tailed）。回归控制了年份固定效应和省份固定效应。其中奇数列汇报固定效应模型，偶数列汇报系统 GMM 模型结果。拟合优度均为调整后 R^2（固定效应汇报组内 R^2）。回归包含控制变量，备索。

从计量结果来看三大地区中间品进口企业加成率都显著低于非进口企业，这进一步显示了本章刻画的"低加成率之谜"在空间层面上的稳健性。从影响大小来看东部地区的负向作用最强，其次是中部地区，相对而言西部企业的负向作用最弱。从描述性数据可知，加工贸易占比最高的是东部，其次是中部，最少的是西部，这就进一步验证了加工贸易所占比例越高，进口中间品对加成率的负向作用就越大。

（2）分行业要素密集度的回归结果。表 5-9 中汇报了不同要素密集度企业的回归结果，总体来看劳动密集型行业中进口中间品的负向作用最强，其对企业对数加成率的负向作用为 0.0049。其次是技术密集型行业，对资本密集型行业的影响最小。通过加工贸易所占比例可知，劳动密集型行业中加工贸易进口中间品比例最高，其次是技术密集型行业，比例最小的是资本密集型行业。

表 5-9　　进口中间品对企业加成率影响（分要素密集度的结果）

变量	(1) 劳动密集型	(2) 劳动密集型	(3) 资本密集型	(4) 资本密集型	(5) 技术密集型	(6) 技术密集型
lntfp_lp	0.1782*** (498.91)	0.2083*** (185.36)	0.1679*** (184.31)	0.1971*** (76.97)	0.1856*** (468.95)	0.2159*** (172.84)
$export$	−0.0116*** (−12.38)	−0.0069*** (−4.80)	−0.0144*** (−4.64)	0.0019 (0.40)	−0.0112*** (−10.39)	−0.0084*** (−5.00)
$import\_inter$	−0.0070*** (−3.31)	−0.0049* (−1.81)	−0.0047*** (−7.46)	−0.0023*** (−2.70)	−0.0053*** (−7.35)	−0.0028*** (−2.88)
年份固定效应	是	是	是	是	是	是
企业固定效应	是	否	是	否	是	否
拟合优度	0.361		0.352		0.367	
观测值	661886	448525	96571	66088	565122	386093
AR（1）_P		0.000		0.000		0.000
AR（2）_P		0.124		0.124		0.648
Sargan_P		0.349		0.302		0.317

注：括号内为 t 值或 z 值；*、***分别表示10%、1%的显著性水平（Two-tailed）。回归控制了年份固定效应和省份固定效应。其中奇数列汇报固定效应模型，偶数列汇报系统 GMM 模型结果。拟合优度均为调整后 R^2（固定效应汇报组内 R^2）。回归包含控制变量，备索。

（3）分所有制类型的回归结果。表 5-10 中汇报了分所有制类型的回归结果。进口中间品对加成率的负向作用在外资企业中最强，其对加成率对数值的负向作用为 0.0072。其次是民营企业，影响最小的是国有企业。同上述分析，依据加工贸易占比可以得到与计量结果一致的结论。

表 5-10　　　进口中间品对企业加成率影响（分所有制类型的结果）

变量	（1）国有	（2）国有	（3）民营	（4）民营	（5）外资	（6）外资
lntfp_lp	0.1892 *** (189.25)	0.2085 *** (75.29)	0.1703 *** (407.63)	0.2035 *** (175.51)	0.1924 *** (355.38)	0.2181 *** (121.46)
$export$	−0.0118 *** (−2.80)	−0.0017 (−0.31)	−0.0095 *** (−8.96)	−0.0065 *** (−4.15)	−0.0115 *** (−8.46)	−0.0090 *** (−4.24)
$import\_inter$	−0.0056 *** (−5.21)	−0.0015 * (−1.90)	−0.0041 *** (−6.54)	−0.0029 *** (−3.28)	−0.0110 *** (−3.11)	−0.0072 *** (−2.99)
年份固定效应	是	是	是	是	是	是
企业固定效应	是	否	是	否	是	否
拟合优度	0.367		0.350		0.387	
观测值	96746	63005	520135	344904	283627	204364
AR（1）_P		0.000		0.000		0.000
AR（2）_P		0.924		0.184		0.343
Sargan_P		0.301		0.326		0.374

注：括号内为 t 值或 z 值；*、*** 分别表示 10%、1% 的显著性水平（Two-tailed）。回归控制了年份固定效应和省份固定效应。其中奇数列汇报固定效应模型，偶数列汇报系统 GMM 模型结果。拟合优度均为调整后 R² （固定效应汇报组内 R²）。回归包含控制变量，备索。

第六节　进一步分析：纳入进口中间品动态的视角

一　计量模型设定

由于式（5-4）中 $import\_inter$ 对企业加成率 μ 的影响可能存在"反向因果"（Reverse causality）的内生性问题，而且本章关心的主要问题是进口中间品进入对企业加成率的影响，因此使用倍差法

（DID）能在消除内生性的前提下得到进口中间品的"加成率效应"。倍差法的主要思想在于寻找企业进口中间品后的"反事实"，通过与"反事实"差分比较可得进口中间品的加成率效应。具体估计方法是：首先根据企业是否从事进口中间品将样本分为进口中间品（处理组）和非进口中间品企业（初步控制组），在此基础上通过倾向得分匹配（Propensity scores matching）筛选初步控制组中与处理组企业特性近似的样本作为实验控制组（Rosenbaum & Rubin，1983；Heckman et al.，1998）。[1] 其中倾向得分匹配的协变量选择 $\ln tfp\_ lp$、$export$、$\ln scale$ 和 $klratio$，根据文献梳理，上述变量会影响企业是否进口中间品的决策。匹配过程是：首先，采用 Logit 回归估计以下模型：

$$Logit(import\_ inter_{it} = 1) = \Phi_{it-1}(\ln tfp\_ lp, export, \ln scale, klratio)$$

$$(5-6)$$

对式（5-6）进行估计之后可得各样本的倾向得分，令 $score_i$ 和 $score_j$ 分别表示处理组和控制组的倾向得分，最近邻匹配的规则可表示为：

$$\Gamma(i) = \min_j (score_i - score_j)^2 j \in (import\_ inter = 0) \quad (5-7)$$

其中 $\Gamma(i)$ 是处理组中与对照组企业匹配的集合，对于每个处理组 i，仅有一个对照组的 j 进入集合 $\Gamma(i)$。经过最近邻匹配之后，可得与处理组企业匹配的控制组企业集合 $\Gamma(i)$，其加成率变化量 $E[\Delta\mu_i^0 \mid import\_ inter_i = 0, i \in \Gamma(i)]$ 可视为 $E(\Delta\mu_i^0 \mid import\_ inter_i = 1)$ 的一个较好替代。进一步构造一个二值变量 $import\_ inter_i = \{0, 1\}$，当企业属于处理组时，$import\_ inter_i = 1$，当企业属于控制组时，$import\_ inter_i = 0$。第二步，根据开始进口中间品的年份将样本期划

---

① 本章的基准模型使用最近邻匹配（Nearest neighbor matching）的方法，匹配采用 1∶1 的比例。事实上，本章还进行了 1∶2 和 1∶3 的匹配，其结果基本一致，匹配均能通过协变量的平衡性检验，限于篇幅并未汇报，备索。稳健性检验中还进行了卡尺匹配（Caliper matching）和核密度匹配（Kernel matching）。

分为两段，用二值变量 $post_t = \{0,\ 1\}$ 表示，其中 $post_t = 0$ 和 $post_t = 1$ 分别表示企业开始进口中间品前和进口后。μ_{it} 表示企业 i 在 t 时期加成率，$\Delta\mu_i$ 表示企业 i 在进口中间品后的加成率变化。其中 $\Delta\mu_i^1$ 和 $\Delta\mu_i^0$ 分别表示处理组和控制组在两段时间发生的加成率变化。倍差法认为企业进口中间品后加成率实际差距 δ 是：

$$\delta = E(\Delta\mu_i^1 \mid import\_\ inter_i = 1) - E(\Delta\mu_i^0 \mid import\_\ inter_i = 1)$$

$$(5-8)$$

式 (5-8) 中 $E(\Delta\mu_i^1 \mid import\_\ inter_i = 1)$ 是处理组企业在非进口中间品情境下的"反事实"，实际上是无法观测的。但是，根据倾向得分匹配所得的控制组企业在这两段时间内加成率差距是该项合理替代值，即假设 $E(\Delta\mu_i^0 \mid import\_\ inter_i = 1) = E(\Delta\mu_i^0 \mid import\_\ inter_i = 0)$。式 (5-8) 可以转换为：

$$\delta = E(\Delta\mu_i^1 \mid import\_\ inter_i = 1) - E(\Delta\mu_i^0 \mid import\_\ inter_i = 0)$$

$$(5-9)$$

根据倍差法的基本设定，可以得到如下的计量模型：

$$\mu_{ijt} = \alpha_0 + \alpha_1 import\_\ inter_i + \alpha_2 post_t + \delta import\_\ post_{it} +$$
$$Z'_{ijt}\beta_1 + Z'_{jt}\beta_2 + \{FE\} + \varepsilon_{ijt} \qquad (5-10)$$

其中 δ 是本章关注的核心变量，其正负即表示企业进口中间品后加成率提升或者降低。$\{FE\} = \{\gamma_t,\ \rho_p,\ \zeta_j\}$ 分别表示年份固定效应、省份固定效应和 2 位码行业固定效应。标准误聚类在 4 位码行业层次。

二　基准回归结果

基准回归结果汇报在表 5-11 中，其中第 (1)、(2) 列是 OLS 回归，第 (3)、(4) 和第 (5) 列汇报了固定效应回归结果。从整体回归结果来看，$import\_\ inter$ 和 $post$ 变量的系数并不显著且稳健性较差。这说明样本期内加成率并没有在时间和个体层面存在显著差异。第 (1) 列的结果显示，在不考虑其他控制变量的情况下交互项

的参数 $\delta < 0$，且在 1% 的显著性水平上显著，初步证实中国企业的进口中间品行为导致了加成率下降。第（2）列汇报了加入控制变量的结果，从控制变量参数估计来看基本符合预期。其中 lntfp_ lp 的系数显著为正，验证了 Melitz 和 Ottaviano（2008）关于生产率越高企业加成率越高的理论结果。export 系数显著为负，说明样本期内中国出口企业的加成率水平低于不出口企业（盛丹和王永进，2012）。lnscale 和 soe 显著为负，说明企业规模越大、国有资产占比越高，加成率水平越低。klratio 和 hhi 显著为正，说明资本劳动比越高、行业竞争性越小的企业加成率水平越高。第（3）、（4）、（5）列分别汇报了逐步控制年份、行业、省份固定效应后的回归结果，其中交互项 import_ post 的系数均显著为负。根据第（5）列的结果中国工业企业在进口中间品后加成率平均下降 0.0213（0.0835 个标准差）。这就说明总体上中国工业企业进口中间品后恶化了盈利水平。

三 子样本回归结果

（1）不同贸易方式的回归结果。根据特征性事实可知，企业进口中间品的"加成率效应"可能会与贸易方式有关，因此有必要进一步研究不同贸易方式下进口中间品对企业加成率的影响。表 5-12 中第（1）、（2）列汇报了一般贸易进口中间品的"加成率效应"，根据第（2）列可知，在一般贸易情况下企业进口中间品后会引致加成率增加约 0.0119（0.0467 个标准差），表现出正向"加成率效应"。

而第（3）、（4）列的结果显示加工贸易进口中间品后企业加成率下降约 0.0408（0.1601 个标准差），负向的"加成率效应"大于全样本平均水平。第（5）、（6）列汇报了混合贸易进口中间品的"加成率效应"，结果显示混合贸易下进口中间品后企业加成率下降0.0205（0.0804 个标准差），其负向作用略低于全样本的平均水平。表 5-12 的计量结果表明，进口中间品的"加成率效应"存在异质性。整体来看，加工贸易和混合贸易进口中间品会引致企业加成率下降，但是一般贸易下，企业加成率在进口中间品后显著提升。

表 5-11　　　　　进口中间品对企业加成率影响（基准模型）

变量	（1）POLS	（2）POLS	（3）FE	（4）FE	（5）FE
import_ inter	0. 0013 *** (2. 89)	−0. 0156 (−1. 02)	−0. 0231 (−0. 96)	0. 0322 * (1. 92)	0. 0012 (1. 22)
post	−0. 0253 *** (−4. 56)	0. 0791 (1. 08)	0. 0187 * (1. 88)	−0. 0192 (−0. 91)	−0. 0133 ** (−1. 98)
import_ post	−0. 0353 *** (−57. 59)	−0. 0216 *** (−33. 56)	−0. 0214 *** (−2. 87)	−0. 0213 ** (−2. 01)	−0. 0201 *** (−2. 99)
lntfp_ lp		0. 0756 *** (64. 63)	0. 1685 *** (86. 53)	0. 1790 *** (13. 78)	0. 1921 *** (13. 79)
export		−0. 0757 *** (−60. 59)	−0. 0013 * (−1. 68)	−0. 0019 ** (−2. 57)	−0. 0012 *** (−2. 58)
lnscale		−0. 0059 *** (−31. 58)	−0. 0592 *** (−53. 10)	−0. 0667 *** (−73. 34)	−0. 0623 *** (−73. 32)
klratio		0. 0305 *** (45. 28)	0. 0323 *** (76. 57)	0. 0354 *** (84. 76)	0. 0315 *** (84. 78)
soe		0. 0602 *** (72. 30)	0. 0016 (1. 23)	0. 0018 (1. 39)	0. 0017 (1. 37)
hhi		0. 0751 *** (10. 95)	0. 0440 *** (5. 15)	0. 0499 *** (5. 82)	0. 0492 *** (5. 81)
常数项	1. 2671 *** (83. 24)	0. 9550 *** (29. 22)	1. 4377 *** (9. 92)	1. 6752 *** (5. 83)	1. 9430 *** (23. 58)
企业固定效应	否	否	是	是	是
年份固定效应	否	否	是	是	是
行业固定效应	否	否	否	否	否
省份固定效应	否	否	否	否	是
观测值	326412	326412	326412	326412	326412
拟合优度	0. 012	0. 163	0. 250	0. 264	0. 285

注：括号内为 t 统计值。* 、** 、*** 分别表示 10%、5%、1%的显著性水平（Two-tailed）。拟合优度均为调整后 R^2（固定效应汇报组内 R^2），下表同。

表 5-12　　　　不同贸易方式进口中间品对企业加成率影响

变量	（1）一般贸易	（2）一般贸易	（3）加工贸易	（4）加工贸易	（5）混合贸易	（6）混合贸易
import_ inter	0. 0198 * (1. 93)	−0. 0118 (−0. 21)	0. 0173 (0. 98)	0. 0193 * (1. 87)	−0. 0186 (−1. 21)	0. 0198 (0. 98)

续表

变量	（1） 一般贸易	（2） 一般贸易	（3） 加工贸易	（4） 加工贸易	（5） 混合贸易	（6） 混合贸易
post	0.0218 （0.89）	−0.0009* （−1.87）	0.0129 （1.21）	−0.0012 （−0.02）	0.0081 （1.33）	−0.0091 （−1.35）
import_ post	0.0121** （2.32）	0.0119** （1.98）	−0.0412** （−1.99）	−0.0408*** （−2.58）	−0.0208*** （−2.89）	−0.0205*** （−3.02）
lntfp_ lp	0.2208*** （106.78）	0.2202*** （16.84）	0.2027*** （36.77）	0.2010*** （36.77）	0.2159*** （130.11）	0.2152*** （130.10）
export	0.0023 （0.56）	0.0024 （0.58）	0.0014 （0.38）	0.0014 （0.38）	−0.0027 （−0.63）	−0.0022 （−0.61）
lnscale	−0.0857*** （−26.26）	−0.0858*** （−26.29）	−0.0761*** （−36.41）	−0.0712*** （−36.23）	−0.0756*** （−30.36）	−0.0728*** （−18.26）
klratio	−0.0629*** （−12.64）	−0.0628*** （−12.62）	−0.0419*** （−12.49）	−0.0412*** （−12.32）	−0.0521*** （−19.27）	−0.0513*** （−16.88）
soe	0.0190* （1.85）	0.0189* （1.84）	−0.0057 （−0.42）	−0.0053 （−0.42）	0.0087 （0.70）	0.0082 （0.72）
hhi	0.0216 （0.43）	0.0214 （0.42）	0.0270 （0.57）	0.0272 （1.21）	−0.0409 （−0.97）	−0.0409 （−0.98）
常数项	1.8183*** （8.66）	1.8561*** （8.84）	1.7109*** （12.70）	1.7109*** （12.12）	2.0559*** （21.98）	2.0501*** （21.00）
企业固定效应	是	是	是	是	是	是
年份固定效应	是	是	是	是	是	是
行业固定效应	否	否	否	否	否	否
省份固定效应	否	是	否	是	否	是
观测值	93528	93528	119942	119942	102978	102978
拟合优度	0.360	0.369	0.374	0.376	0.338	0.339

（2）分地区的回归结果。表5—13中进一步汇报了分地区的回归结果，其中第（1）、（2）列是针对东部地区的回归结果。根据参数估计的结果可知，东部地区企业进口中间品后加成率平均下降了0.0362（0.1420个标准差），负向效应显著超过了全样本平均水平。中部地区企业进口中间品的"加成率效应"汇报在第（3）、（4）列中，参数值显著为负且略大于样本平均效应，负向效应大约为0.0240（0.0941个标准差）。反观西部地区企业进口中间品的"加成率效应"显著性相对较弱，但是仍然呈现出负向的作用（0.5569个标准差）。这与表

5-13 中的回归结果是一致的，由于东部企业更多地通过加工贸易嵌入全球价值链，因此加工贸易进口中间品带来的负向"加成率效应"最为明显。中部企业加工贸易的比例居中，而西部企业较少加入全球价值链体系，因此会呈现出负向作用的相对强弱：东部＞中部＞西部。表5-13 中的结果表明，东部企业虽然更多地通过加工贸易进口中间品，但是其"加成率效应"相对较弱，嵌入全球价值链并未能显著改善东部企业的盈利水平。

表 5-13　　　　　　　　　　分地区的回归结果

变量	（1）东部	（2）东部	（3）中部	（4）中部	（5）西部	（6）西部
import_ inter	0.0912 (0.89)	0.0021 ** (1.98)	−0.0123 * (−1.92)	0.0256 (0.78)	0.0212 * (1.93)	0.0066 (0.32)
post	−0.0124 (−0.78)	−0.0091 (−0.95)	0.0187 ** (1.98)	−0.0134 (−1.21)	−0.0087 ** (−2.02)	−0.0165 * (−1.86)
import_ post	−0.0361 *** (−3.58)	−0.0362 *** (−3.59)	−0.0240 *** (−2.77)	−0.0224 *** (−2.61)	−0.0142 * (−1.89)	−0.0141 * (−1.78)
ln*tfp_ lp*	0.1760 *** (34.99)	0.1723 *** (35.00)	0.1818 *** (46.39)	0.1801 *** (40.12)	0.1930 *** (84.85)	0.1912 *** (84.22)
export	0.0008 (1.01)	0.0008 (1.01)	−0.0022 (−1.16)	−0.0018 (−1.26)	−0.0016 (−0.39)	−0.0016 (−0.63)
ln*scale*	−0.0741 *** (−70.02)	−0.0702 *** (−71.28)	−0.0525 *** (−54.75)	−0.0512 *** (−52.53)	−0.0475 *** (−33.48)	−0.0402 *** (−33.21)
klratio	−0.0369 *** (−88.72)	−0.0312 *** (−81.29)	−0.0193 *** (−10.33)	−0.0194 *** (−10.12)	−0.0175 *** (−6.79)	−0.0171 *** (−6.80)
soe	0.0022 (1.33)	0.0013 (1.32)	0.0096 *** (3.77)	0.0088 *** (2.93)	−0.0006 (−0.16)	−0.0004 (−0.38)
hhi	−0.0390 *** (−4.11)	−0.0391 *** (−4.11)	−0.0779 *** (−3.40)	−0.0772 *** (−3.43)	−0.0671 ** (−2.11)	−0.0664 ** (−2.19)
常数项	1.6879 *** (77.70)	1.9699 *** (21.67)	1.5732 *** (79.68)	1.5821 *** (59.58)	1.5419 *** (53.78)	1.5798 *** (26.32)
企业固定效应	是	是	是	是	是	是
年份固定效应	是	是	是	是	是	是
行业固定效应	否	否	否	否	否	否
省份固定效应	否	是	否	是	否	是
观测值	307398	307398	12812	12812	6202	6202
拟合优度	0.315	0.321	0.354	0.354	0.409	0.412

（3）分所有制的回归结果。表5-14中进一步汇报了分所有制类型的回归结果，从第（1）、（2）列来看国有企业进口中间品的"加成率效应"显著为正，结果表明国有企业进口中间品之后加成率平均增加0.0267（0.1047个标准差）。民营企业的结果汇报在第（3）、（4）列，从参数估计值来看，民营企业在进口中间品后加成率平均下降0.0368（0.1443个标准差），呈现出大于样本平均水平的负向效应。第（5）、（6）列汇报了外资企业进口中间品的"加成率效应"，平均意义上进入行为带来加成率下降0.0161（0.0631个标准差）。表5-14中的结果表明国有企业的进口中间品具有正向"加成率效应"，这与现有文献的结论一致，即国有企业处于全球价值链的较高位置，更多地采用一般贸易进口中间品，并且拥有更高的国内增加值比重（Kee & Tang，2016），因而在这种条件下国有企业进口中间品后提升了加成率水平。民营企业则相对处于较低的全球价值链地位，因而负向效应最大。

表5-14　　　　　　　　　　　分所有制的回归结果

变量	（1）国有	（2）国有	（3）民营	（4）民营	（5）外资	（6）外资
import_ inter	0.0012 * (1.88)	0.0087 (0.92)	0.0134 ** (2.01)	0.0082 (0.98)	0.0008 (1.02)	0.0012 (1.21)
post	−0.0132 ** (−2.31)	−0.0198 (−1.24)	−0.0162 (−0.78)	−0.0191 (−1.26)	−0.0124 (−0.78)	0.0083 (0.97)
import_ post	0.0267 ** (2.55)	0.0262 ** (2.21)	−0.0380 ** (−2.42)	−0.0368 ** (−2.42)	−0.0161 *** (−3.20)	−0.0161 *** (−3.11)
lntfp_ lp	0.2063 *** (88.26)	0.2052 *** (38.36)	0.1604 *** (45.46)	0.1601 *** (40.42)	0.2021 *** (14.98)	0.2099 *** (14.21)
export	0.0057 (1.23)	0.0028 (1.37)	0.0020 * (1.85)	0.0018 * (1.72)	−0.0013 (−0.92)	−0.0009 (−0.88)
lnscale	−0.0643 *** (−42.86)	−0.0621 *** (−40.41)	−0.0690 *** (−11.44)	−0.0669 *** (−11.22)	−0.0810 *** (−91.57)	−0.0779 *** (−28.26)
klratio	−0.0483 *** (−19.89)	−0.0484 *** (−19.92)	−0.0174 *** (−21.75)	−0.0171 *** (−21.22)	−0.0406 *** (−33.68)	−0.0411 *** (−32.29)
soe	−0.0008 (−0.24)	−0.0008 (−0.25)	0.0061 (0.74)	0.0058 (0.72)	0.0075 (1.56)	0.0072 (1.52)

续表

变量	（1） 国有	（2） 国有	（3） 民营	（4） 民营	（5） 外资	（6） 外资
hhi	-0. 0399 （-1. 24）	-0. 0392 （-1. 22）	-0. 0592 *** （-3. 84）	-0. 0591 *** （-3. 17）	-0. 0702 *** （-3. 71）	-0. 0708 *** （-3. 22）
常数项	1. 6558 *** （40. 07）	1. 6803 *** （29. 68）	1. 7013 *** （79. 83）	1. 7107 *** （72. 52）	1. 9212 *** （18. 42）	2. 1109 *** （13. 63）
企业固定效应	是	是	是	是	是	是
年份固定效应	是	是	是	是	是	是
行业固定效应	否	否	否	否	否	否
省份固定效应	否	是	否	是	否	是
观测值	4784	4784	24224	24224	297404	297404
拟合优度	0. 041	0. 041	0. 082	0. 082	0. 074	0. 074

（4）分要素密集度的回归结果。表 5-15 中汇报了分要素密集度下企业进口中间品的"加成率效应"，根据第（1）、（2）列的回归结果，劳动密集型企业进口中间品后会导致加成率下降 0.0381（0.1494 个标准差）。资本密集型企业进口中间品后加成率平均下降 0.0255（0.1001 个标准差），结果汇报在第（3）、（4）列。从第（5）、（6）列的结果来看，技术密集型企业进口中间品后带来了正向"加成率效应"，正向效应约为 0.0027（0.1059 个标准差）。表 5-15 中的回归结果表明技术密集型企业进口中间品后盈利条件显著改善，劳动密集型和资本密集型企业的盈利条件则显著恶化。

表 5-15　　　　　　　　　　　分要素密集度的回归结果

变量	（1） 劳动密集型	（2） 劳动密集型	（3） 资本密集型	（4） 资本密集型	（5） 技术密集型	（6） 技术密集型
import_ inter	0. 0013 ** （1. 99）	0. 0098 * （1. 86）	0. 0009 （0. 95）	-0. 0089 * （-1. 71）	0. 0015 （0. 36）	0. 0136 （0. 96）
post	-0. 0214 （-0. 78）	-0. 0132 * （-1. 78）	-0. 0154 ** （-1. 97）	0. 0019 （0. 68）	-0. 0089 ** （-2. 05）	-0. 0341 （-1. 31）
import_ post	-0. 0382 ** （-2. 27）	-0. 0381 ** （-2. 12）	-0. 0257 *** （-3. 62）	-0. 0255 *** （-3. 58）	0. 0027 ** （2. 37）	0. 0023 ** （2. 12）

续表

变量	（1）劳动密集型	（2）劳动密集型	（3）资本密集型	（4）资本密集型	（5）技术密集型	（6）技术密集型
lntfp_lp	0.1760 *** (29.87)	0.1702 *** (22.38)	0.1576 *** (64.66)	0.1572 *** (64.26)	0.1889 *** (398.75)	0.1882 *** (302.26)
$export$	0.0007 (0.72)	0.0004 (0.18)	−0.0059 * (−1.72)	−0.0048 * (−1.69)	0.0034 *** (2.98)	0.0032 *** (2.83)
ln$scale$	−0.0705 *** (−30.40)	−0.0709 *** (−30.39)	−0.0193 *** (−14.72)	−0.0191 *** (−14.74)	−0.0764 *** (−22.99)	−0.0751 *** (−22.13)
$klratio$	−0.0349 *** (−60.24)	−0.0341 *** (−46.36)	−0.0313 *** (−19.58)	−0.0318 *** (−16.52)	−0.0384 *** (−60.72)	−0.0328 *** (−30.99)
soe	0.0073 *** (3.65)	0.0074 *** (3.18)	−0.0061 (−1.53)	−0.0086 (−1.19)	0.0066 *** (3.43)	0.0049 *** (3.28)
hhi	−0.0517 *** (−3.04)	−0.0518 *** (−3.04)	−0.0729 *** (−2.88)	−0.0721 *** (−2.92)	−0.0266 ** (−2.15)	−0.0256 ** (−2.07)
常数项	1.8308 *** (27.46)	1.4569 *** (16.27)	1.3081 *** (40.98)	1.2960 *** (35.54)	1.6049 *** (30.00)	1.6664 *** (19.98)
企业固定效应	是	是	是	是	是	是
年份固定效应	是	是	是	是	是	是
行业固定效应	否	否	否	否	否	否
省份固定效应	否	是	否	是	否	是
观测值	169794	169794	14056	14056	136808	136808
拟合优度	0.340	0.341	0.420	0.429	0.304	0.306

四　影响机制的进一步检验

（1）全球价值链地位对企业加成率的影响。表5-16汇报了中间品进口企业所处全球价值链地位对企业加成率的影响，根据计量结果显示，企业所处价值链地位确实影响了其加成率水平，所处全球价值链地位越高的企业加成率水平越高。根据系统 GMM 结果，第（3）列显示来料加工企业加成率水平比一般贸易企业低 0.0091。第（1）列表明加工贸易企业比一般贸易企业加成率低 0.0076。第（2）列说明进料加工企业加成率水平比一般贸易企业低 0.0026。第（4）列检验了加工贸易两种方式的差异，结果显示进料加工企业比来料加工企业加成率高 0.0043。实证结果验证了命题 1 的正确性。

表 5-16　　　　全球价值链地位对企业加成率影响

变量	(1) 系统 GMM	(2) 系统 GMM	(3) 系统 GMM	(4) 系统 GMM
ratio	−0.0076 ** (−2.42)	−0.0026 ** (−2.49)	−0.0091 ** (−2.41)	−0.0043 * (−1.75)
观测值	130546	125895	98519	87716
AR (1) _ P	0.001	0.000	0.001	0.001
AR (2) _ P	0.175	0.193	0.160	0.392
Sargan_ P	0.238	0.369	0.328	0.273

注：括号内为 z 值；*、** 分别表示 10%、5% 的显著性水平（Two-tailed）。第（1）、（2）、（3）、（4）列中解释变量分别是 *ratio*1—*ratio*4。回归控制了年份固定效应和省份固定效应。回归包含控制变量，限于篇幅省略，备索。

（2）融资约束对中间品进口企业全球价值链地位的作用。表 5-17 和表 5-18 汇报了企业内部融资约束对全球价值链地位选择的影响。首先，自我选择效应是显著为负的，即生产率高的企业选择价值链地位更高的进口中间品方式。流动性参数估计为负，说明当企业的流动性较强时会选择价值链地位更高的贸易方式，其作用强弱依次为：*ratio*3>*ratio*1>*ratio*4>*ratio*2，这与上文的分析一致，当面临融资约束改善时，企业最有动机进行一般贸易以获得更多利润，而最有可能放弃进料加工方式。表 5-18 从企业杠杆率出发，杠杆率越高的企业面临越严重的融资约束，因而其系数显著为正，且相对大小为：*ratio*3>*ratio*1>*ratio*4>*ratio*2，这进一步验证了流动性所得结论的稳健性。

表 5-17　　融资约束对中间品进口企业全球价值链影响（流动性）

变量	(1) 系统 GMM	(2) 系统 GMM	(3) 系统 GMM	(4) 系统 GMM
liquidity	−0.0023 * (−1.92)	−0.0010 ** (−1.98)	−0.0046 * (−1.92)	−0.0021 * (−1.78)

续表

变量	（1） 系统 GMM	（2） 系统 GMM	（3） 系统 GMM	（4） 系统 GMM
lntfp_lp	−0.0019* （−1.69）	0.0031** （2.20）	0.0005 （0.39）	−0.0039*** （−3.15）
观测值	104136	99297	71604	72699
AR（1）	0.000	0.000	0.000	0.000
AR（2）	0.129	0.101	0.963	0.978
Sargan_P	0.328	0.247	0.114	0.165

注：括号内为 z 值；*、**、***分别表示 10%、5%、1%的显著性水平（Two-tailed）。回归控制了年份固定效应和省份固定效应。回归包含控制变量，限于篇幅省略，备索。

表 5-18　　　融资约束对中间品进口企业全球价值链影响（杠杆率）

变量	（1） 系统 GMM	（2） 系统 GMM	（3） 系统 GMM	（4） 系统 GMM
$leverage$	0.0042* （1.69）	0.0014*** （3.08）	0.0061* （1.92）	0.0023* （1.88）
lntfp_lp	−0.0019 （−1.51）	−0.0031** （−2.21）	−0.0005 （−0.39）	−0.0039*** （−3.15）
观测值	104125	99287	71598	72692
AR（1）_P	0.000	0.000	0.000	0.000
AR（2）_P	0.138	0.097	0.963	0.977
Sargan_P	0.198	0.139	0.115	0.215

注：括号内为 z 值；*、**、***分别表示 10%、5%、1%的显著性水平（Two-tailed）。回归控制了年份固定效应和省份固定效应。回归包含控制变量，备索。

表 5-19 汇报了企业外部融资约束的影响，该约束反映企业对外融资的能力。样本期间（2000—2006 年）中国的资本市场相对欠发达，大量的工业企业难以通过资本市场直接融资，因而通过银行贷款的间接融资成为主流。企业利息支出很大比例用来支付贷款利息，故本章选取利息支出代表企业在外部市场的融资能力。计量结果显示外部融资约束对企业价值链的选择也产生显著影响，其反向作用强弱为：$ratio3 > ratio1 > ratio4 > ratio2$，因此从两种维度出发的融资约

束对企业全球价值链选择的作用具有一致性。

表5-19　融资约束对中间品进口企业全球价值链影响（外部融资约束）

变量	（1） 系统 GMM	（2） 系统 GMM	（3） 系统 GMM	（4） 系统 GMM
ext_fin	−0.0035* （−1.81）	−0.0010** （−2.43）	−0.0054* （−1.92）	−0.0012* （−1.93）
lntfp_lp	−0.0019 （−1.49）	−0.0031** （−2.20）	0.0005 （0.39）	−0.0039*** （−3.15）
观测值	104136	99297	71604	72699
AR（1）_P	0.000	0.000	0.000	0.000
AR（2）_P	0.145	0.978	0.963	0.104
Sargan_P	0.256	0.267	0.328	0.294

注：括号内为z值；*、**、*** 分别表示10%、5%、1%的显著性水平（Two-tailed）。回归控制了年份固定效应和省份固定效应。回归包含控制变量，备索。

五　中介效应检验

根据上述理论分析表明进口企业的全球价值链地位是其加成率水平的主要决定因素，这部分通过构造中介效应模型对全球价值链地位进行检验。表5-20汇报了中介效应检验，结果显示以企业出口国内增加值率（dvar）作为其全球价值链地位的代理变量，基准效应为正。第（3）列显示企业进口中间品后其全球价值链地位显著下降，在此基础上，控制中介变量后第（4）列回归中 $import\_post$ 系数显著性下降（仅为10%的显著性水平），且效应值显著下降，通过 Sobel 检验表明 dvar 是进口中间品企业加成率下降的显著中介变量。

表5-20　　　　　　全球价值链地位作为中介变量的检验

自变量＼因变量	μ （1）	μ （2）	$dvar$ （3）	$dvar$ （4）
$dvar$	0.1625*** （2.71）			0.1298** （2.53）

续表

自变量 ＼ 因变量	μ (1)	μ (2)	dvar (3)	dvar (4)
μ				0.0029 ** (2.26)
import_ post		−0.0403 *** (−2.72)	−0.0218 ** (−2.52)	−0.0098 * (−1.74)
观测值	103186	100909	100897	100909
AR（1）_ P	0.000	0.002	0.000	0.000
AR（2）_ P	0.218	0.185	0.216	0.203
Sargan_ P	0.198	0.238	0.226	0.182

注：括号内为 z 值；＊、＊＊、＊＊＊分别表示 10%、5%、1% 的显著性水平（Two-tailed）。回归控制了年份固定效应和省份固定效应。回归包含控制变量，备索。

六　稳健性检验

为了使实证部分的结果更加稳健，本章在上述计量结果的基础上，还进行了以下四种稳健性检验，并尽可能减少内生性对计量结果的影响。其中稳健性检验 1、2 主要验证本章提出的中间品进口企业低加成率现象及加工贸易作用是否稳健；稳健性检验 3 主要验证影响机制部分是否稳健；稳健性检验 4 主要减少内生性对计量结果的影响。

（1）不同生产率的测度方法。不同生产率测度方法可能对本章的计量结果产生影响，基准模型中本书使用了 LP 法对企业生产率进行了测度，Ackerberg，Caves 和 Frazer（2015）（以下简称 ACF 法）论证了 LP 法下参数估计存在的共线性问题，因此本章也同时测度了 ACF 法下的企业生产率，以此作为稳健性检验 1。[1] 另外样本中极端值可能会影响参数估计结果，本章进行了以下两步处理：一、删除因变量前后 5% 的极端值；二、删除进口中间品占中间品投入较少的前 5% 样本。从表 5-21 的计量结果来看，进口中间品的负向作用仍

---

[1]　ACF 法测度企业生产率的方法详见 Ackerberg，Caves 和 Frazer（2015）。

然显著，参数大小和基准模型结果相近，这说明不同生产率测算方法对结果的影响并不明显。

表5-21　　　　不同生产率测度方法的回归结果（ACF法）

变量	（1）POLS	（2）FE	（3）FE	（4）差分 GMM	（5）系统 GMM
lntfp_acf	0.1511 *** (62.13)	0.1815 *** (129.12)	0.1882 *** (158.96)	0.2398 *** (59.72)	0.2336 *** (63.89)
$export$	−0.0517 *** (−32.62)	−0.0218 *** (−39.32)	−0.0185 *** (−23.42)	−0.0118 *** (−12.14)	−0.0102 *** (−6.23)
$import\_inter$	−0.0189 *** (−82.12)	−0.0083 *** (−22.32)	−0.0062 *** (−16.86)	−0.0041 *** (−5.18)	−0.0042 *** (−5.02)
拟合优度	0.318	0.384	0.405		
观测值	1211118	1211118	1203905	534602	807326
AR（1）_ P				0.000	0.000
AR（2）_ P				0.328	0.412
Sargan_ P				0.208	0.182

注：括号内为 t 值或 z 值；*** 表示 1% 的显著性水平（Two-tailed）。回归控制了年份固定效应和省份固定效应。拟合优度均为调整后 R^2（固定效应汇报组内 R^2）。回归包含控制变量，备索。

（2）分位数回归。上述回归的结果大都基于"均值回归"，回归结果容易受到极端值的影响（Koenker & Bassett，1978）。故本章在表5-22中呈现了分位数回归的结果，结果显示仅一般贸易中间品进口企业的加成率水平高于非进口企业，而仅加工贸易和混合贸易企业加成率则低于非进口企业，其中仅加工贸易企业加成率水平最低。这一结果与表5-7中回归结果一致，验证了加工贸易对本章提出谜题的重要作用。

（3）不同全球价值链地位代理变量的检验。测算企业全球价值链地位除了计算不同贸易方式比例外，另一种方法是测算出口国内附加值（$dvar$），以此刻画企业所处全球价值链地位（张杰等，2013；Kee & Tang，2016）[①]。表5-23呈现了以出口国内附加值作

———————

① 出口国内附加值的计算方法参见张杰等（2013）、Kee 和 Tang（2016）。

为代理变量的计量结果，其中第（1）列显示 *dvar* 的系数显著为正，说明企业全球价值链地位越高则加成率越高，这验证了命题 1 的正确性，同时验证表 5-12 回归的稳健性。第（2）、（3）、（4）列分别使用了企业融资约束的不同代理变量对 *dvar* 进行回归，结果显示当企业融资约束越紧时，更倾向于选择较低的全球价值链地位，这验证了表 5-17—表 5-19 中结果的稳健性。

表 5-22　　　　　　　　　　　　分位数回归结果

变量	（1）10%分位数	（2）25%分位数	（3）50%分位数	（4）75%分位数	（5）90%分位数
ln*tfp_lp*	0.1013 *** (562.97)	0.1105 *** (845.12)	0.1236 *** (997.88)	0.1402 *** (752.77)	0.1677 *** (382.90)
export	−0.0103 *** (−27.37)	−0.0135 *** (−43.67)	−0.0171 *** (−55.38)	−0.0211 *** (−48.26)	−0.0298 *** (−35.11)
ordinary	0.0321 *** (39.57)	0.0292 *** (43.55)	0.0215 *** (32.19)	0.0072 *** (7.60)	0.0223 *** (12.23)
process	−0.0209 *** (−27.61)	−0.0168 *** (−26.84)	−0.0144 *** (−23.02)	−0.0093 *** (−10.49)	−0.0066 ** (−2.38)
mix	−0.0086 *** (−43.03)	−0.0077 *** (−47.05)	−0.0066 *** (−40.35)	−0.0048 *** (−20.71)	−0.0031 ** (−2.14)
拟合优度	0.326	0.259	0.316	0.260	0.239
观测值	1324899	1324899	1324899	1324899	1324899

注：括号内为 t 值；** 、*** 分别表示 5%、1%的显著性水平（Two-tailed）。回归控制了年份固定效应和省份固定效应。拟合优度均为调整后 R^2。回归包含控制变量，备索。

表 5-23　出口国内附加值（dvar）作为代理变量的结果（系统 GMM）

自变量＼因变量	μ （1）	*dvar* （2）	*dvar* （3）	*dvar* （4）
dvar	0.1625 *** (2.71)			
finance		0.0062 ** (2.29)	−0.0023 ** (−2.32)	0.0029 ** (2.26)
ln*tfp_lp*		0.0023 *** (2.74)	0.0022 *** (2.71)	0.0023 *** (2.74)
观测值	103186	100909	100897	100909
AR（1）_P	0.000	0.002	0.000	0.000

自变量 ＼ 因变量	μ (1)	$dvar$ (2)	$dvar$ (3)	$dvar$ (4)
AR（2）_P	0.218	0.185	0.216	0.203
Sargan_P	0.198	0.238	0.226	0.182

注：括号内为 z 值；** 、*** 分别表示 5%、1%的显著性水平（Two-tailed）。第（2）、（3）、（4）列中解释变量 *finance* 分别是指代 *liquidity*、*leverage*、*ext_fin*。回归控制了年份固定效应和省份固定效应。回归包含控制变量，备索。

（4）倾向得分匹配（PSM）。为减少内生性对计量结果的影响，本章采用 Rosenbaum 和 Rubin（1983）提出的倾向得分匹配方法，对本章最核心的两大观点进行检验：一、全球价值链地位对中间品进口企业加成率影响；二、融资约束对中间品进口企业全球价值链地位选择的作用。

匹配一基本步骤是：第一步，区分两组需要匹配的对象。本章将 *ratio*1—*ratio*4 根据其均值分为高低两组：低的为处理组，高的为控制组；第二步，选取影响企业特性的因素，[①] 使用 Logit 模型进行回归，得到每个样本的倾向性得分；第三步，采用最近邻匹配法（Nearest-neighbor matching）对样本进行倾向得分匹配；第四步，分别计算匹配前和匹配后高全球价值链企业（处理组）和低全球价值链企业（控制组）的加成率均值差距；第五步，检验变量的平衡性。匹配二的步骤与匹配一基本相似，其分组依据是根据 SA 指数计算的企业融资约束情况来区分组别，[②] 均值以上为高融资约束企业（处理组），其余为低融资约束企业（控制组）。

根据表 5-22 和表 5-23 所示的结果可知：全球价值链地位越高的企业加成率水平越高，而融资约束越紧的企业更有可能选择低全

---

① 本章选取了企业生产率（ln*tfp_lp*）、人均工资（*pwage*）、企业规模（ln*scale*）和中间品投入比例（*input_ratio*）作为描述企业特性的变量。

② Hadlock 和 Pierce（2010）提出 SA 指数，其计算公式为：$-0.737 \times \ln scale + 0.043 \times (\ln scale)^2 - 0.04 \times age$，SA 指数为负且绝对值越大，说明企业面临的融资约束越严重。

球价值链的进口方式。具体而言，中间品进口企业一般贸易比例越高，其加成率越高；融资约束越严重的企业越偏好加工贸易方式进口中间品。这两个结论与上文的分析一致，说明在控制内生性影响下，本章所刻画的两大机制仍然成立。匹配的变量平衡性检验详见表5-24和表5-25。

表5-24　　　　　　　　全球价值链地位对企业加成率影响

变量	样本	处理组	控制组	差距	标准差	T值
*ratio*1	匹配前	1.3124	1.2070	0.1054	0.0013	78.87***
	匹配后	1.3124	1.2304	0.0820	0.0019	42.68***
*ratio*2	匹配前	1.2921	1.2709	0.0212	0.0010	21.88***
	匹配后	1.2921	1.2856	0.0065	0.0016	4.17***
*ratio*3	匹配前	1.2765	1.2716	0.0049	0.0008	5.87***
	匹配后	1.2765	1.2752	0.0013	0.0003	4.33***
*ratio*4	匹配前	1.2761	1.2134	0.0627	0.0008	74.40***
	匹配后	1.2632	1.2134	0.0498	0.0012	40.81***

注：*** 表示1%的显著性水平（Two-tailed）。

表5-25　　　　　　　　融资约束对企业全球价值链地位选择的作用

变量	样本	处理组	控制组	差距	标准差	T值
*ratio*1	匹配前	0.6848	0.5800	0.1048	0.0023	45.83***
	匹配后	0.6848	0.6416	0.0433	0.0045	9.66***
*ratio*2	匹配前	0.6138	0.5416	0.0722	0.0024	29.99***
	匹配后	0.6138	0.5694	0.0444	0.0047	9.41***
*ratio*3	匹配前	0.2719	0.1405	0.1314	0.0023	56.97***
	匹配后	0.2719	0.2387	0.0332	0.0045	7.45***
*ratio*4	匹配前	0.2158	0.1305	0.0853	0.0022	39.36***
	匹配后	0.2158	0.1816	0.0342	0.0044	7.78***

注：*** 表示1%的显著性水平（Two-tailed）。

第七节　本章小结

现有理论文献表明中间品进口企业的加成率水平高于非进口企业，但是本章对中国工业企业的实证检验发现中间品进口企业加成率显著低于非进口企业，这是异质性企业贸易理论难以解释的。本章的问题是：什么原因导致中间品进口企业加成率水平较低？这一问题是学术界广泛关注的，也是我国进口贸易亟待解决的问题。

基于2000—2006年工业企业—海关匹配数据，本章考察了中间品进口企业与非进口企业的差异性，实证结果表明：一、中间品进口企业加成率显著低于非进口企业，且在分地区、分要素密集度和分所有制类型的回归中均成立；二、从分地区的结果来看，东部负向差异最大，其次中部，西部最小；三、劳动密集型行业的加成率差距最大，分所有制企业的检验表明外资企业差距较大，国有企业较小。四、本章通过引入加工贸易发现，在一般贸易方式下理论所刻画的结果成立，是加工贸易的特性导致了中国中间品进口企业"低加成率之谜"。基于进口中间品企业动态效应的检验发现：一、总体上看，中国企业进口中间品后加成率显著下降，盈利情况恶化。二、从加工贸易的视角出发，企业从事一般贸易进口中间品后获得了正向"加成率效应"，加工贸易和混合贸易都显著降低了企业加成率。经验数据表明，通过加工贸易低端嵌入全球价值链是导致中国企业进口中间品后加成率显著下降的重要原因。三、从分地区的回归结果看，三类地区均呈现出显著的负向"加成率效应"，从该效应的相对大小来看：东部>中部>西部，东部企业较多的通过加工贸易进口中间品，因而其负向的"加成率效应"最强。四、从分所有制类型的经验数据表明，国有企业进口中间品后加成率显著提升，而民营企业和外资企业的加成率水平在进口中间品后显著恶化。这说明国有企业在全球价值链的地位是相对较高的，大都通过一般贸易进口中间品，因而可以获得正向的"加成率效应"。五、进一步从不同要素密集度企业来看，劳动密集型和资本密集型企业进口中间品后加成率显著下降，而技术密集型企业通过进口中间品可以提升加成率水平。

在此基础上，本章进一步从全球价值链地位角度出发，解释不同进口贸易方式导致不同加成率水平的深层原因，以及提升企业加成率的激励机制。基于一个简洁的分析框架表明：一、全球价值链地位决定了中间品进口企业的加成率水平；二、中国企业存在的融资约束制约了高生产率企业向高价值链攀升的潜在可能。计量结果表明，控制自我选择效应，内部和外部融资约束对中间品进口企业全球价值链地位选择有显著影响，因而导致了中国部分高效率企业难以跳出加工贸易的"樊篱"。

经验数据表明，中间品进口企业的盈利情况甚至低于不进口企业，从微观层面很难找到通过进口中间品实现转型升级的内生动力。因此本章的政策含义在于以下几个方面。第一，进一步做强一般贸易，提升一般贸易在进口中间品贸易中的比重。推动加工贸易转型升级，引导加工贸易进口中间品企业向更高价值链地位攀升，延长产业链长度。第二，改善企业的融资约束状况，特别是外部融资约束。内部融资约束由企业自主经营决定，外部融资约束则部分体现政府指导下的市场功能。首先，应强化间接融资的竞争中立，打破国有企业存在的"显性优势"。其次，进一步完善直接融资市场，引导资本市场和互联网金融发展，多渠道提升中国直接融资市场的水平。第三，改善我国贸易模式，鼓励和支持高新技术企业的进口中间品贸易，改变现有劳动力密集型加工贸易的进口中间品主流。第四，优化外资引进标准，从"数量要求"转向"价值链要求"。计量结果表明外资企业大都通过全球价值链治理将中国嵌入其制造加工环节，导致其国内子公司较低的盈利水平。应从我国动态比较优势出发，调整现有外资引入标准。

第六章

出口与中国企业加成率动态演进：
产品创新的视角

本章从出口企业产品创新角度出发，考察产品创新行为对出口企业加成率的影响及其动态效应。其内在关联是：进口中间品更多表现为企业吸收国外先进的投入品，提升最终品质量，提升企业竞争力。产品创新则直接反映企业通过"破坏性创造"实现企业价值重构，增强企业竞争力的主动性行为，相比于进口中间品引入而言，产品创新行为反映了企业更高水平的竞争力提升路径。其是否能成为出口企业跨越"低加成率陷阱"的关键路径是本章的研究重点。

第一节 引言

扩大出口规模是中国对外开放初期及加入 WTO 以来的主要目标，随着 2013 年中国成为世界第一货物贸易大国，提高出口质量和出口附加值将是中国开放型经济发展新阶段面临的主要议题。长期以来"低质量、低价格"是中国出口产品难以摆脱的标签。令人难解的是，中国出口产品不仅在国际市场上低于国外同类产品价格，甚至普遍低于仅内销产品价格，这正是盛丹和王永进（2012）提出的"中国企业低价出口之谜"。经验研究进一步证实了这个谜题的广泛存在性（李卓和赵军，2015；祝树金和张鹏辉，2015；钱学锋等，2015a）。

"中国企业低加成率出口之谜"不仅违背国际贸易理论预期，也导致国际产业界对我国各类贸易激励政策的广泛批评。根据 Melitz（2003）发端的新新贸易理论，出口企业是可以克服较高出口固定成本的高生产率企业，因此出口企业的加成率一般应高于不出口企业。由于理论上难以解释，国内学术界对"中国企业低价出口之谜"的解读更多转向现实层面，目前可主要分为两种观点：第一种认为出口退税等贸易政策下即使制定低于国内市场的价格，也可因出口退税获得较高真实加成率（盛丹和王永进，2012；钱学锋等，2015a）；第二种观点认为由于出口企业中加工贸易比例较高，其面临的实际上是被动接受国际发包方的订单式价格，因此，出口企业并不一定意味着高加成率（李卓和赵军，2015）。

上述解读忽略了一个重要的潜在可能，即出口企业可以通过产品创新提升企业加成率水平。本章感兴趣的问题是：产品创新能否成为推动我国出口向"优质优价"转变的关键变量。

第二节　理论模型及命题提出（静态基准模型扩展）

除了上述经验证据，本章更感兴趣的是出口企业通过产品创新提升加成率的内在机理，下面通过一个简单的模型来论证这一机制。

假定：仅存在两个国家，本国 H 和外国 F，它们都生产并消费一种传统商品和一类工业品。传统商品市场是完全竞争的，将其标准化为等价物。工业品市场是垄断竞争的，其种类是 $i \in \Omega$ 分布在 Ω 上的连续统。假定本国 H 和外国 F 的消费者偏好、厂商生产技术相同，外国 F 的市场规模大于本国市场 $L^F > L^H$。

一　引入产品质量的模型扩展

根据 Antoniades（2015）的假定，本国 H 和外国 F 生产的工业品存在质量差异，消费者更加偏好高质量的商品，扩展的效用函数为：其中 $v = H$, F，表示贸易国。

$$U = q_0^c + \alpha \int_{i \in \Omega} q_i^c di + \alpha \int_{i \in \Omega} z_i di - \frac{1}{2} \gamma \int_{i \in \Omega} (q_i^c)^2 di - \frac{1}{2} \gamma \int_{i \in \Omega} (z_i)^2 di +$$

$$\gamma \int_{i \in \Omega} (q_i^c z_i) di - \frac{1}{2} \eta \left(\int_{i \in \Omega} (q_i^c - \frac{1}{2} z_i) di \right)^2 \qquad (6-1)$$

由式（6-1）可得每种工业品在两国市场的需求函数：

$$q_i^v \equiv L^v q_i^c = \frac{\alpha L^v}{\eta N^v + \gamma} - \frac{L^v}{\gamma} p_i^v + L^v z_i + \frac{\eta N^v}{\eta N^v + \gamma} \frac{L^v}{\gamma} \bar{p}^v - \frac{1}{2} \frac{\eta N^v L^v}{\eta N^v + \gamma} \bar{z}$$

$$(6-2)$$

类似地，可以得到商品在两国市场的最高价格：

$$p_{max}^v = \frac{1}{\eta N^v + \gamma} \left[\gamma \alpha + \gamma (\eta N^v + \gamma) z_i + \eta N^v \bar{p}^v - \frac{1}{2} \frac{\eta N^v L^v}{\eta N^v + \gamma} \bar{z} \right]$$

$$(6-3)$$

式（6-3）表明在 MO 模型框架下，给定 γ 不变，N^v 增加，$\bar{z}$ 增加，$\bar{p}^v$ 减小都会导致 p_{max}^v 减小，$p_{max}^F < p_{max}^H$。这就是出口企业所面临的"竞争加剧效应"，该效应会对企业加成率起负向作用，引起企业加成率下降。式（6-3）还表明如果企业在出口市场提高自身产品质量，就可以提高价格和加成率，下面的生产者行为将内生化产品质量选择。

二　引入产品质量的成本函数

企业可以通过提升产品质量，提高价格和加成率，但是这种质量提升过程会增加企业的成本。借鉴 Bellone 等（2016）的模型假定，企业成本函数在产品质量 $z > 0$ 上是严格凸函数（ $\partial^2 C / \partial z^2 > 0$ ）。

$$C(q_i) = c_i q_i + \theta_i (z_i)^2 \qquad (6-4)$$

由式（6-4）可知，θ_i 刻画了企业提升产品质量的能力，θ_i 越小表明企业提升产品质量的能力越强。$\theta_i (z_i)^2$ 表示企业进行产品创新带来的成本上升，可以理解为研发费用。为了研究方便，将本国企业之间提高产品质量的相对成本记为 θ_{HH}，将本国企业与外国企业提高产品质量的相对成本记为 θ_{HF}。本章主要在于研究中国企业，所以假定 $\theta_{HH} < \theta_{HF}$，这主要有两点依据：一是国外市场竞争更加激烈；二是中国处于转型时期，发达国家拥有技术优势。企业根据利润最大化原则，选择自身在本国和外国市场的产量和价格：

$$p^H(c) = \frac{1}{2}(c^H + c_i) + \frac{\gamma}{2}z_i \tag{6-5a}$$

$$q^H(c) = \frac{L^H}{2\gamma}(c^H - c_i) + \frac{L^H}{2}z_i \tag{6-5b}$$

$$p^F(c) = \frac{\tau}{2}(c^F + c_i) + \frac{\gamma}{2}z_i \tag{6-6a}$$

$$q^F(c) = \frac{L^F}{2\gamma}\tau(c^F - c_i) + \frac{L^F}{2}z_i \tag{6-6b}$$

三　企业最优产品质量选择

企业根据利润最大化的一阶条件，可以求得本国和外国市场的最优产品质量选择 z_H^* 和 z_F^*。这里，假定 $4\theta_{HH} - \gamma L^H > 0$，$4\theta_{HF} - \gamma L^F > 0$。

$$z_H^* = \frac{L^H}{4\theta_{Hh} - \gamma L^H}(c^H - c_i) \tag{6-7}$$

$$z_F^* = \frac{L^F \tau}{4\theta_{HF} - \gamma L^F}(c^F - c_i) \tag{6-8}$$

进一步，根据式（6-5a）、（6-5b）、（6-6a）、（6-6b）、（6-7）和（6-8）可推导企业加成率与产品质量的关系式：

$$\mu^H(c_i) = \frac{1}{2}(c^H - c_i) + \frac{\gamma}{2}z_i \tag{6-9}$$

$$\mu^F(c_i) = \frac{\tau}{2}(c^F - c_i) + \frac{\gamma}{2}z_i \tag{6-10}$$

假定企业从事国内生产和出口，根据式（6-7）、（6-8）、（6-

9）和（6-10）可得企业的平均加成率水平，其中 $\vartheta = 4\theta_{HH} - \gamma L^H$，$\varpi = 4\theta_{HF} - \gamma L^F$

$$\bar{\mu}(z) = \frac{\dfrac{\vartheta^2}{L^H \gamma}(z_H^*)^2 + \dfrac{\varpi^2}{L^F \gamma}(z_F^*)^2 + (2\vartheta z_H^* + 2\varpi z_F^*)z + \gamma(L^H + L^F)z^2}{\dfrac{2}{\gamma}(\vartheta z_H^* + \varpi z_F^*) + 2(L^H + L^F)z}$$

$$(6-11)$$

$$\frac{\partial \bar{\mu}(z)}{\partial z} = \frac{\dfrac{2}{\gamma}\dfrac{\varpi^2}{L^F \gamma}(z_F^*)^2(\vartheta z_H^* + \varpi z_F^*) - \dfrac{\vartheta^2}{L^H \gamma}(z_H^*)^2 + 2\dfrac{\varpi^2}{L^F \gamma}(z_F^*)^2(L^H + L^F)z + 2\gamma(L^H + L^F)^2 z^2}{[\dfrac{2}{\gamma}(\vartheta z_H^* + \varpi z_F^*) + 2(L^H + L^F)z]^2}$$

$$(6-12)$$

令 $\dfrac{\partial \bar{\mu}(z)}{\partial z} = 0$，可得：

$$z = z_0 \text{①}$$

$$(6-13)$$

根据扩展的 MO 模型，可得下面两个命题：

命题1：企业加成率与产品质量相关，企业加成率与出口行为的关系是由最优产品质量选择决定的。当出口企业的产品质量较低时（$0 < z < z_0$），加成率与产品质量负相关；当出口企业的产品质量超过临界值（$z > z_0$）时，产品质量会提升企业加成率。出口企业加成率与产品质量之间存在"U"形曲线关系。

命题2：出口企业的产品质量受到产品创新的影响，当与产品创新相关的研发投入增加时，出口企业产品质量会提升，且正比于产品创新研发投入的算数平方根。

通过理论模型，本章揭示了产品创新对出口企业加成率影响的作用机理，其关键的中间变量是出口产品质量。下面将会从实证角度出发，检验上述命题的正确性。

---

① 其中，$z_0 = \dfrac{-4(L^H + L^F)(\vartheta z_H^* + \varpi z_F^*) + \sqrt{16[(L^H + L^F)(\vartheta z_H^* + \varpi z_F^*)]^2 - 8\gamma(L^H + L^F)^2[\frac{4}{\gamma}(\vartheta z_F^* + \varpi z_F^*)]^2 - \frac{2\varpi^2}{L^F \gamma}(z_F^*)^2(L^H + L^F)]}}{4\gamma(L^H + L^F)^2}$

第三节　数据、变量及特征性事实

一　变量构造及估计

（1）企业产品创新代理变量。工业企业数据库中汇报了新产品产值和研发投入，由于创新行为可以分为产品创新和工艺创新，研发投入无法进行有效区分。因此本章选用新产品产值作为产品创新的代理变量。根据企业是否具有新产品产值，设定虚拟变量 $innnov\_dum$；根据企业的新产品产值对数值设定变量 $innovation$。

（2）其他变量。除上述变量以外，本章的计量模型还包括以下控制变量。①企业所有制类型。本书通过计算各企业实收资本中国有资本的占比（soe），以此作为控制企业所有制类型的变量。②企业年龄（age）。用对数化的企业运营时间作为代理变量。③4 位码行业竞争程度。使用 4 位码行业赫芬达尔指数（hhi）来衡量这种竞争程度。

二　特征性事实

创新出口企业与非创新出口企业平均加成率差距。表 6-1 呈现了样本总体和分年份的创新与非创新出口企业平均加成率比较，从中可以看出：第一，样本总体显示创新出口企业的加成率水平显著高于非创新出口企业，差距为 0.0549（0.2227 个标准差）；第二，分年份的数据表明这种加成率差距在时间序列上是稳健存在的，其中 1998 年的差距最小，为 0.0149（0.0604 个标准差），2005 年最大，为 0.0953（0.3866 个标准差）。图 6-1 呈现了创新出口企业和非创新出口企业加成率的核密度图，从分布上看创新出口企业加成率显著超过非创新出口企业，有更大概率分布在高加成率区间。

表6-1　　　　　　　　　创新与非创新出口企业平均加成率比较

项目	总体	1998 年	1999 年	2000 年	2001 年
创新出口企业	1.2701	1.2026	1.2219	1.2280	1.2405
非创新出口企业	1.2152	1.1877	1.1995	1.2021	1.2092
标准差	0.0009	0.0034	0.0034	0.0032	0.0031
差距	0.0549 ***	0.0149 ***	0.0224 ***	0.0259 ***	0.0313 ***
T 值	58.019	4.321	6.669	7.946	9.981
项目	2002 年	2003 年	2005 年	2006 年	2007 年
创新出口企业	1.2546	1.2653	1.3171	1.307	1.2491
非创新出口企业	1.2166	1.2206	1.2218	1.2252	1.2199
标准差	0.0032	0.0031	0.0024	0.0023	0.0022
差距	0.0380 ***	0.0447 ***	0.0953 ***	0.0818 ***	0.0292 ***
T 值	11.978	14.470	40.064	35.836	13.479

注：2004 年无数据。*** 表示 1% 的显著性水平。

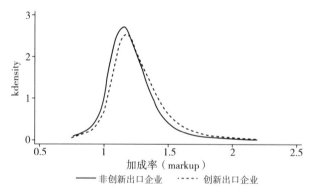

图6-1　创新出口企业与非创新出口企业加成率核密度比较

第四节　计量模型与实证结果

一　计量模型设定

这部分通过设定计量模型,检验出口企业产品创新行为是否会提升企业加成率。基准模型如下：

$$\mu_{ijt} = \beta_i + \beta_1 innovation_{ijt} + Z'_{ijt}\beta_2 + Z'_{jt}\beta_3 + \gamma_t + \zeta_j + \varepsilon_{ijt}$$

$$(6-14)$$

其中 i、j、t 分别表示企业、行业和年份。Z'_{ijt} 为企业层面的控制变量，Z'_{jt} 表示行业层面的控制变量。计量模型还控制了企业固定效应（β_i）、时间固定效应（γ_t）、行业固定效应（ζ_j），ε_{ijt} 表示随机误差项。标准误聚类（Cluster）在 4 位码行业层面。

二　基准回归结果

表 6-2 中第（1）、（2）、（3）列针对产品创新虚拟变量 *innov_ dum* 分别进行了固定效应、差分 GMM 和系统 GMM 回归。*innov_ dum* 变量系数显著为正，这说明产品创新促进了企业加成率提升。由于产品创新可能影响企业加成率，而企业加成率越高，意味着较强市场势力，因而有可能会促进产品创新（Aghion et al.，2015）。反向因果关系可能产生内生性问题，所以 GMM 回归参数估计更为有效，根据第（3）列的结果，创新出口企业的加成率比非创新出口企业显著高 0.0235（0.0953 个标准差）。第（4）、（5）、（6）列分别汇报了新产品产值 *innovation* 对出口企业加成率影响，作用方向与 *innov_ dum* 一致，其中第（6）列结果表明，出口企业新产品产值每提升 100%，会带来企业加成率提升 0.0274（0.1112 个标准差）。

三　分组回归的结果

（1）分地区的回归结果。表 6-3 呈现了分地区的检验结果，考虑到产品创新变量的内生性问题，表 6-3—表 6-5 中均汇报的是系统 GMM 回归结果。第（1）、（2）、（3）、（4）列结果显示，东部和中部地区出口企业的产品创新提升了企业加成率水平，且东部地区产品创新的"加成率效应"显著超过了中部地区，东部地区产品创新出口企业的加成率平均提升 0.0311（0.1262 个标准差），新产品产值每增长 100%，东部地区出口企业加成率平均提升 0.0304（0.1233 个标准差）。中部地区产品创新的"加成率效应"显著为正，但是低于全样本的平均水平。第（5）、（6）列的结果显示西部地区出口企业产品创新并无显著的"加成率效应"。

表 6-2　　　　　　产品创新对出口企业加成率影响（基准模型）

变量	(1) FE	(2) 差分 GMM	(3) 系统 GMM	(4) FE	(5) 差分 GMM	(6) 系统 GMM
innov_dum	0.0251 *** (2.90)	0.0215 ** (2.30)	0.0235 ** (2.36)			
innovation				0.0293 *** (5.08)	0.0268 *** (2.63)	0.0274 *** (2.70)
lnscale	0.0170 *** (22.73)	0.0095 *** (6.75)	0.0108 *** (7.50)	0.0168 *** (22.37)	0.0095 *** (6.73)	0.0108 *** (7.48)
klratio	0.0245 *** (13.76)	0.0316 *** (9.79)	0.0342 *** (10.31)	0.0246 *** (13.83)	0.0317 *** (9.80)	0.0343 *** (10.32)
soe	-0.0199 *** (-7.53)	-0.0093 ** (-2.27)	-0.0095 ** (-2.25)	-0.0198 *** (-7.50)	-0.0093 ** (-2.27)	-0.0095 ** (-2.25)
age	0.0015 ** (2.16)	0.0014 (1.02)	-0.0003 (-0.25)	0.0015 ** (2.20)	0.0014 (1.03)	-0.0003 (-0.24)
hhi	0.0296 (1.54)	0.0241 (0.71)	0.0190 (0.54)	0.0294 (1.53)	0.0240 (0.71)	0.0189 (0.54)
L. μ		0.1317 *** (27.15)	0.1761 *** (41.75)		0.1317 *** (27.16)	0.1761 *** (41.75)
常数项	0.6937 *** (12.77)	0.6101 *** (58.91)	0.6428 *** (54.77)	0.6950 *** (12.79)	0.6102 *** (58.90)	0.6429 *** (54.77)
年份固定效应	是	是	是	是	是	是
企业固定效应	是	否	否	是	否	否
行业固定效应	否	是	是	否	是	是
观测值	454841	272444	365558	454841	272444	365558
拟合优度	0.024			0.025		
AR (1) _ P		0.000	0.000		0.000	0.000
AR (2) _ P		0.396	0.293		0.395	0.372
Sargan_ P		0.229	0.669		0.237	0.532

注：括号内为 t 或 z 统计值。** 和 *** 分别表示 5% 和 1% 的显著性水平（two-tailed）。下表同。

表 6-3　　　　　　产品创新对企业加成率影响（分地区的结果）

变量	（1）东部	（2）东部	（3）中部	（4）中部	（5）西部	（6）西部
innov_dum	0.0311*** (2.64)		0.0183** (2.38)		-0.0135 (-1.50)	
innovation		0.0304*** (2.85)		0.0189*** (2.67)		-0.0016 (-0.78)
常数项	0.6287*** (52.52)	0.6257*** (52.17)	0.7506*** (18.30)	0.7513*** (18.31)	0.8926*** (6.09)	0.8954*** (6.10)
其他控制变量	是	是	是	是	是	是
年份固定效应	是	是	是	是	是	是
企业固定效应	否	否	否	否	否	否
行业固定效应	是	是	是	是	是	是
观测值	321443	321443	33502	33502	10613	10613
AR（1）_P	0.000	0.000	0.000	0.000	0.000	0.000
AR（2）_P	0.360	0.370	0.319	0.321	0.113	0.123
Sargan_P	0.457	0.455	0.243	0.235	0.184	0.191

（2）分要素密集度的回归结果。表 6-4 呈现了分要素密集度的回归结果，其中第（1）、（2）列显示劳动密集型出口企业的产品创新对加成率并无显著影响。第（3）、（4）列的结果显示资本密集型出口企业的产品创新具有显著"加成率效应"，该类出口企业产品创新行为导致加成率提升 0.0287（0.1164 个标准差），新产品产值翻一番，可以增加企业加成率 0.0322（0.1306 个标准差）。第（5）、（6）列结果显示技术密集型出口企业产品创新的"加成率效应"显著为正，且低于全样本平均水平，其中技术密集型研发出口企业加成率高于非研发出口企业 0.0210（0.0852 个标准差）。这说明从要素密集度来看，"加成率效应"的相对大小为：资本密集型>技术密集型>劳动密集型。

（3）分所有制类型的回归结果。表 6-5 呈现了分所有制类型的计量结果。其中第（1）、（2）列结果显示国有企业产品创新的"加成率效应"并不显著。一般认为国有企业具有融资上的隐性优势

（鞠晓生等，2013），因此在产品创新投入上数量更多（王永进等，2015）。这说明国有企业的产品创新并未带来盈利水平和市场势力的提升。第（3）、（4）列的结果显示民营企业的加成率水平随着产品创新显著增加。其中产品创新出口企业的加成率水平高出非创新企业0.0382（0.1550个标准差），民营出口企业每提升新产品产值100%，会引致加成率增长0.0311（0.1262个标准差）。外资企业的产品创新的"加成率效应"呈现在第（5）、（6）列，其中第（5）列显示外资出口企业的加成率会因为产品创新行为增加0.0121，而其每提升1倍新产品产值就能带来0.0205的正向"加成率效应"。

表6-4   产品创新对企业加成率影响（分要素密集度的结果）

变量	（1）劳动密集型	（2）劳动密集型	（3）资本密集型	（4）资本密集型	（5）技术密集型	（6）技术密集型
$innov\_dum$	0.0031 (1.23)		0.0287** (2.00)		0.0210** (2.42)	
$innovation$		0.0007 (1.14)		0.0322** (2.04)		0.0216** (2.07)
常数项	0.8551*** (44.17)	0.8552*** (44.16)	0.6974*** (9.58)	0.6963*** (9.53)	0.7344*** (32.00)	0.7347*** (32.00)
其他控制变量	是	是	是	是	是	是
年份固定效应	是	是	是	是	是	是
企业固定效应	否	否	否	否	否	否
行业固定效应	是	是	是	是	是	是
观测值	197168	197168	15105	15105	152744	152744
AR（1）_P	0.000	0.000	0.000	0.000	0.000	0.000
AR（2）_P	0.180	0.082	0.113	0.111	0.088	0.182
Sargan_P	0.427	0.478	0.173	0.175	0.242	0.217

表6-5   产品创新对企业加成率影响（分所有制类型的结果）

变量	（1）国有	（2）国有	（3）民营	（4）民营	（5）外资	（6）外资
$innov\_dum$	0.0085 (1.24)		0.0382** (2.49)		0.0121** (2.49)	

续表

变量	(1) 国有	(2) 国有	(3) 民营	(4) 民营	(5) 外资	(6) 外资
innovation		0.0024 (1.48)		0.0311 *** (2.70)		0.0205 ** (2.54)
常数项	0.5056 *** (2.63)	0.5390 *** (2.80)	0.6850 *** (41.09)	0.6846 *** (41.06)	0.7686 *** (18.97)	0.7688 *** (18.97)
其他控制变量	是	是	是	是	是	是
年份固定效应	是	是	是	是	是	是
企业固定效应	否	否	否	否	否	否
行业固定效应	是	是	是	是	是	是
观测值	15818	15818	94037	94037	81922	81922
AR (1) _ P	0.000	0.000	0.000	0.000	0.000	0.000
AR (2) _ P	0.117	0.115	0.175	0.157	0.658	0.657
Sargan_ P	0.282	0.325	0.285	0.284	0.155	0.152

四　作用机制检验

（1）产品质量对出口企业加成率的影响。表6-6呈现了出口产品质量对企业加成率的影响，本章引入出口产品质量 *quality* 和其二次项 *quality*2 来检验出口企业加成率与产品质量的"U"形关系。其中第（1）列汇报了固定效应回归，结果显示 *quality* 系数为负，*quality*2 系数为正，初步检验了这种"U"形曲线关系。由于本章仅选取了出口企业样本，然而企业选择出口并未随机，因此存在样本选择问题。因而选取 Heckman（1979）模型能更好地控制样本选择偏误，通过两阶段回归得到一致估计量。

第一阶段回归选择影响企业出口行为的解释变量，对出口概率做 Probit 模型估计。[①] 根据现有文献，本章选取了企业生产率 $lntfp_{ijt}$、出口虚拟变量的滞后一阶 $export_{ijt-1}$、企业从业人员 l_{ijt} 以及资产负债率 fzl_{ijt}。第二阶段将第一步的逆米尔斯比率 *lambda* 代入基

[①]　由于篇幅限制，本章并未汇报第一步 Probit 回归结果，备索。

准模型可得第（4）列回归，结果表明 *quality* 系数为负，*quality*2 系数为正，在控制样本选择效应后，这种"U"形曲线关系仍然存在。第（2）、（3）列的结果显示，在控制了内生性问题后出口产品质量对企业加成率的影响仍然呈现"U"形关系，由差分和系统 GMM 的结果可知，"U"形曲线的转折点 z_0 是 0.357，大约是 10% 分位数，这说明对于大部分出口企业出口产品质量升级对企业加成率有正向作用。这部分检验了命题 1 的正确性。

表6-6　　　　　　　　　　出口产品质量对企业加成率影响

变量	（1） FE	（2） 差分 GMM	（3） 系统 GMM	（4） Heckman
quality	−0. 1138 *** （−3. 27）	−0. 0361 * （−1. 82）	−0. 0337 * （−1. 74）	−0. 2352 *** （−7. 91）
*quality*2	0. 1168 *** （4. 10）	0. 0493 ** （2. 34）	0. 0486 ** （2. 27）	0. 2550 *** （10. 49）
lambda				1. 9268 *** （44. 37）
常数项	0. 8937 *** （5. 97）	0. 8899 *** （22. 18）	0. 7974 *** （19. 82）	−3. 5369 *** （−4. 24）
其他控制变量	是	是	是	是
年份固定效应	是	是	是	是
企业固定效应	是	否	否	是
行业固定效应	否	是	是	否
观测值	103714	60014	91940	102104
拟合优度	0. 021			0. 257
AR（1）_ P		0. 000	0. 000	
AR（2）_ P		0. 474	0. 376	
Sargan_ P		0. 108	0. 185	

（2）产品创新对出口企业产品质量的影响。表 6-7 呈现了产品创新对企业出口产品质量的影响，其中第（1）、（2）、（3）列显示了产品创新行为对出口企业产品质量的正向影响。根据系统 GMM 的结果，有产品创新的出口企业比非研发企业产品质量高 0. 0161（0. 1010 个标准差）。新产品产值对出口企业产品质量的影响汇报在

第（4）、（5）、（6）列，结果均显示新产品产值对企业出口产品质量有显著正向作用。其中，系统 GMM 回归表明，新产品产值每提升 100% 会引致出口产品质量提升 0.0114（0.0984 个标准差）。这检验了命题 2 的正确性。

表 6-7　　　　　　产品创新对出口企业产品质量影响

变量	（1）FE	（2）系统 GMM	（3）Heckman	（4）FE	（5）系统 GMM	（6）Heckman
innov_ dum	0.0114 *** (2.77)	0.0161 ** (2.10)	0.0118 ** (2.04)			
innovation				0.0106 ** (2.43)	0.0114 ** (1.98)	0.0107 *** (2.58)
lambda			−0.1118 *** (−13.04)			−0.1117 *** (−13.02)
常数项	0.4623 *** (5.70)	0.3608 *** (14.39)	0.7299 *** (7.78)	0.4619 *** (5.69)	0.3593 *** (14.26)	0.7316 *** (7.80)
其他控制变量	是	是	是	是	是	是
年份固定效应	是	是	是	是	是	是
企业固定效应	是	否	是	是	否	是
行业固定效应	否	是	否	是	是	否
观测值	103714	40339	102104	103714	40339	102104
拟合优度	0.018		0.021	0.018		0.021
AR（1）_ P		0.000			0.000	
AR（2）_ P		0.764			0.762	
Sargan_ P		0.479			0.485	

五　稳健性检验

（1）样本选择模型。本章第四部分已经论述了选取出口企业样本可能存在的样本选择问题，因此这部分主要通过 Heckman 模型来检验样本选择偏误是否会影响计量结果，具体的回归方法与第四部分一致。其中表 6-8 中第（1）、（2）列呈现了对产品创新虚拟变量的回归结果，从结果来看正向效应仍然显著，参数值基本一致。第（3）、（4）列呈现了针对新产品产值的回归结果，基准模型的结果依旧稳健成立。这说明样本选择偏误对基准模型并无显著影响。

表6-8　　　　　　　　　Heckman 样本选择模型的结果

变量	（1）Heckman	（2）Heckman	（3）Heckman	（4）Heckman
innov_ dum	0. 0236 *** (3. 03)	0. 0222 * (1. 83)		
innovation			0. 0258 *** (2. 62)	0. 0246 *** (7. 61)
lambda	1. 3229 *** (22. 29)	1. 4525 *** (27. 57)	1. 3225 *** (52. 24)	1. 4529 *** (27. 65)
常数项	−1. 8987 *** (−53. 89)	−2. 4134 *** (−34. 88)	−1. 8958 *** (−53. 62)	−2. 4126 *** (−34. 87)
其他控制变量	是	是	是	是
年份固定效应	否	是	否	是
企业固定效应	是	是	是	是
行业固定效应	否	否	否	否
观测值	447735	447735	447735	447735
拟合优度	0. 176	0. 194	0. 176	0. 194

（2）倾向得分匹配（PSM）。为减少样本选择性对计量结果的影响，本章采用 Rosenbaum 和 Rubin（1983）提出的倾向得分匹配方法，对本章最核心的观点进行检验：出口企业的产品创新会影响企业加成率水平。匹配基本步骤如下。①区分两组需要匹配的对象。本章根据 *innov_ dum* 变量，将出口企业分为两组：创新出口企业为处理组，非创新出口企业为控制组。②选取影响企业特性的因素①，使用 Logit 模型进行回归，得到每个样本的倾向性得分。③采用最近邻匹配法（Nearest neighbor matching）对样本进行倾向得分匹配。

——————————

① 本章选取了企业生产率 ln*tfp_ acf*、资产劳动比 *klratio*、企业规模 ln*scale*、中间投入比例 *input_ ratio* 和资产负债率 *fzl* 作为控制企业特性的协变量。

④分别计算匹配前和匹配后创新出口企业（处理组）和非创新出口企业（控制组）的加成率均值差距。⑤检验协变量的平衡性。从表6-9中匹配前后两组的平均加成率差异来看，在控制了企业层面的特性后，创新出口企业（处理组）的平均加成率水平仍然显著高于非创新出口企业。表6-10中变量平衡性检验表明，协变量匹配后在处理组和控制组均无显著差异（input_ ratio变量除外）。这进一步检验了基准回归结果的稳健性。

表6-9　　　　　　企业加成率倾向得分匹配（PSM）前后均值差异

样本	处理组	控制组	差距	标准差	T 值
匹配前	1.2788	1.2209	0.0579	0.0009	67.98 ***
匹配后	1.2787	1.2672	0.0115	0.0014	8.33 ***

表6-10　　　　　　　　　匹配变量平衡性检验

变量		均值		偏差（%）	偏差减少（%）	P 值
		处理组	控制组			
lntfp_acf	匹配前	4.4488	4.1451	31.2	90.6	0.000
	匹配后	4.4477	4.4761	-2.9		0.104
$klratio$	匹配前	1.7064	1.6747	9.8	73.7	0.000
	匹配后	1.7064	1.7147	-2.6		0.054
$lnscale$	匹配前	11.0801	9.9601	67.8	99.1	0.000
	匹配后	11.0771	11.0667	0.7		0.217
$input\_ratio$	匹配前	0.6856	0.7044	-15.9	81.2	0.000
	匹配后	0.6856	0.6822	3.0		0.000
fzl	匹配前	0.5512	0.5287	8.8	89.8	0.000
	匹配后	0.5512	0.5535	-0.9		0.083

第五节　本章小结

现有文献忽略了产品创新对出口企业加成率的影响。本章深入研究了产品创新行为对出口企业加成率变化的影响及其微观机制，计量部分得到了以下结果：第一，出口企业的产品创新行为促进了加成率提升；第二，分地区的结果表明，东部地区出口企业的产品创新的"加成率效应"最大，中部地区其次，西部地区并不显著；第三，分要素密集度的结果表明，资本密集型出口企业产品创新的"加成率效应"最大，其次是技术密集型企业，劳动密集型企业的该效应不显著；第四，分所有制类型的回归结果显示，除国有企业不显著外，民营企业和外资企业均呈现显著正向的"加成率效应"，且民营企业的该效应强度超过了样本平均水平；第五，出口产品质量对企业加成率的影响呈现"U"形曲线关系，且该临界值约为 0.357（出口产品质量的 10% 分位数）；第六，出口企业产品创新能引致产品质量提升。

理论部分在扩展 MO 模型基础上，得到了两个关键命题。在现有文献基础上，提出出口企业加成率与产品质量呈现的"U"形曲线关系，进而对出口企业产品创新的"加成率效应"进行了理论解释。在此基础上，通过引入扩展的 MO 模型，论证了企业低加成率出口的可能机制，提出了出口企业面临的"竞争加剧效应"和"质量升级效应"。本章认为破解中国出口企业"低加成率陷阱"的关键变量是出口产品质量，而提升产品质量的重要途径是进行产品创新，其作用路径是：产品创新→质量提升→盈利增加。

第 七 章

出口与中国企业加成率动态演进：
出口模式转换的视角[*]

第四章基准模型中，本书通过静态模型分析造成中国出口企业
"低加成率陷阱"的重要原因之一是不同的出口模式（直接出口和
间接出口）。静态模型显示间接出口企业由于较弱的"出口中学效
应"和"需求冲击适应效应"降低了其出口定价权和质量升级敏感
性，因而不利于其长期市场势力提升。直接出口则表现出正向的加
成率促进效应，该类企业加成率显著大于不出口企业。本章从出口
行为动态出发，在实证模型基础上，进一步检验不同出口方式企业
加成率的动态，考察是否出口模式转换也是促进出口企业加成率改
善的有效渠道之一。

第一节　引言

改革开放以来，我国的出口规模以年均近23%的增长速度急剧扩

---

　　* 本章相关内容已发表于诸竹君、黄先海、余骁《出口模式与企业加成率效应研究：
基于中国企业层面数据的理论与实证》，《世界经济研究》2019年第1期。

张,[①] 并借此大幅拉动我国的经济增长速度，被众多学者和政策制定者称为中国经济发展中的出口"奇迹"（张杰等，2014）。目前我国已经成为世界上第一大出口国以及第二大进口国，同时也是最主要的加工贸易国之一，越来越多的"中国制造"出现在国际市场。其中，贸易中间商对于我国国际贸易有着重要作用，Ahn 等（2011）通过测算指出我国22%的出口贸易行为通过贸易中间商完成。传统国际贸易理论通常假定，企业进入国际市场时将贸易品直接交付给最终消费者（Bernard et al.，2010），较少考虑贸易中间商等中介行为。但在贸易实务中，出口模式（Export mode）是企业进行对外贸易需考虑的重要决定因素之一,[②] 部分企业因受限于较高的国外市场进入标准、较高的产品运输与通关成本等因素而难以像直接出口企业直接接触国外市场，其货物与服务的跨国交易就需要贸易中间商来完成，作为经济代理人（Economic agents）的贸易中间商从供应商手中购买货物并转卖给最终消费者或者为买卖双方牵线搭桥。大量研究通过各国贸易数据发现了贸易中间商的真实存在及其在国际贸易中的作用（Bernard et al.，2010；Akerman，2010；Blum et al.，2010）。

近年来尤其是金融危机后，对出口贸易的关注无论是国际还是国内均越来越强调从"量"转向"质",[③] 相关研究开始更多关注出口（企业）的产品质量、增加值率以及加成率水平等因素（Hallak & Schott，2012；Khandelwal et al.，2013；Koopman et al.，2014；De Loecker & Warzynski，2012），其中出口企业加成率水平已成为异质性企业贸易理论研究的前沿领域。加成率在产业组织理论中可以反映企业市场势力和盈利水平，以发达国家企业作为研究样

---

① 本章基于历年《中国统计年鉴》中的相关数据计算而得。

② 不同于通常意义上所认为的按加工和一般贸易区分的贸易方式，本章的出口方式主要指直接和间接出口贸易，其区分标准为企业的出口行为是否通过贸易中间商来展开。

③ 这种转变对于发展中国家而言显得尤为重要。商务部印发的《对外贸易发展"十三五"规划》已经明确指出，要培育以技术、标准、品牌、质量、服务为核心的外贸竞争新优势，推动外贸向优质优价、优进优出转变，巩固贸易大国地位，推进贸易强国进程。

本的理论和实证研究论证出口企业具有更高加成率水平（Melitz & Ottaviano，2008；De Loecker & Warzynski，2012；Bellone et al.，2016）。但是基于中国企业层面数据的实证研究结果显示，中国出口企业存在"低加成率陷阱"现象，即出口企业的加成率水平相较其他类型企业更低，主要表现为出口企业的市场势力较低，出口更多体现在企业生产规模（Intensive margin）或新进入企业（Extensive margin）的扩展，导致出口行为并未能真正提升企业的盈利水平。现有文献主要从贸易政策、市场分割、产品质量选择和外资企业转移定价等视角对该"陷阱"进行了解释（盛丹和王永进，2012；刘啟仁和黄建忠，2015；黄先海等，2016b；Zhang et al.，2017）。但是忽视了一种潜在可能，即企业选择不同的出口模式亦会影响企业加成率水平及其动态效应。目前，尚无文献直接探讨不同出口模式下企业加成率的决定及其动态效应。本章通过将不同出口动态学习效应引入 MO 模型，对不同出口模式企业静态加成率和动态效应进行了理论刻画，从理论模型中得出直接出口企业可能通过"出口中学效应"和"需求冲击适应效应"两种渠道获得更大加成率动态效应。在此基础上，通过新的出口模式识别方法对不同模式出口企业静态加成率及其动态效应进行了实证研究，本书的基本结论是：出口企业可以通过"出口中学效应"提高生产率水平，增强其加成率，同时直接出口模式的这一效应大于间接出口模式；出口企业也可以通过"需求冲击适应效应"提高价格水平，进而增强其加成率，同样直接出口模式的"需求冲击适应效应"大于间接出口模式。在此基础上，本章的研究指出出口企业的动态加成率效应大于不出口企业，且直接出口企业的动态加成率效应大于间接出口企业。

本章可能在以下方面丰富和拓展了现有研究。第一，关于出口模式的探讨，已有研究主要集中在生产率排序、中间商作用等方面，忽视了对企业盈利水平（特别是加成率）的静态和动态影响。第二，对出口企业加成率的研究大多聚焦于静态排序和影响出口企业加成率的不同渠道，而忽视了对出口后企业加成率动态效应的研究。本章通过扩展的 MO 模型，引入不同出口模式下企业学习行为的异质性，将中间商出口和企业加成率两支文献进行了有机整合，通过理论模型深化了对不同出口模式下企业加成率的静态和动态效应的理解。第三，在数据使用上，本章较早运用工业企业—海关匹配数据对企业出口贸易模式进行了重新识别，更好地保证了样本的代表性和变量的有效性；在计量方法上，本章首先通过面板模型进行了静态效应的实证检验，然后通过倾向得分匹配—倍差法（PSM-DID）较好控制了样本选择性偏误和内生性问题的影响，对动态效应进行了较为准确的识别，实证结果可信度较高。第四，本章不仅关注了不同出口模式下加成率的平均效应，还分别从不同地区、要素密集度和所有制类型等视角考察了子样本影响的异质性，并提供了稳健性检验来验证本书的结论。

第二节　动态理论模型及命题提出

在第四章静态基准模型基础上，根据 Das 等（2007）、Aw 等（2011）和 Ahn 等（2011）模型的设定，将企业出口模式选择和出口动态效应引入 MO 模型，以此论证中国企业选择不同出口模式下加成率的决定，并进一步探究不同出口模式可能对企业加成率动态的异质性影响及作用渠道。

（1）企业生产率的动态演进。参考 Aw 等（2011），企业短期边际成本 c_i 可以表示为生产率 ω_i 的函数：

$$\ln c_{it} = \beta_0 + \beta_k k_{it} + \beta_t D_t + \beta_j D_j + \beta_p D_P - \omega_{it} \qquad (7-1)$$

其中 k_{it} 表示 t 时刻的资本存量对数值，D_t、D_j 和 D_P 分别表示年份、2 位码行业和省份虚拟变量。根据式（7-1）可知企业边际成本与生产率负相关，进一步假定企业生产率 ω_{it} 服从马尔科夫过程（Markov process），即企业当期 ω_{it} 由上一期 ω_{it-1} 和不同交易方式决定。

$$\omega_{it} = \Lambda(\omega_{it-1}, \ d_{it-1}^v) + \kappa_{it} \qquad (7-2)$$

$\Lambda(.)$ 的具体函数形式参考 De Loecker（2011）采用三次多项式（Cubic polynomial）展开形式，式（7-3）中 κ_{it} 是一个独立同分布（i.i.d.）的生产率冲击，均值为 0，方差为 Σ_K^2。

$$\omega_{it} = \beta_0 + \sum\nolimits_{\varpi=1}^{3} \beta_\omega^\varpi (\omega_{it-1})^\varpi + \beta_4 d_{it-1}^D + \beta_5 d_{it-1}^I + \kappa_{it} \quad (7\text{-}3)$$

根据式（7-3）可知，此时 d_{it-1}^H 是对照组，不同出口模式是否能提升企业生产率决定于 β_4 和 β_5 的取值，根据不同交易方式下的学习效应，预期 $0 < \beta_4 < \beta_5$，即出口可以提高企业的生产率水平，而直接出口模式提高程度更大。这是从"出口中学效应"渠道出发理解不同出口模式下企业加成率动态演进。

（2）企业面临需求冲击的动态演进。同式（7-4）设定，假定企业面临的出口市场需求冲击服从马尔科夫过程，企业特定市场当期需求冲击系数 z_i^F 受到上一期出口模式的影响，其具体函数设定为：

$$z_i^F = \beta_0 + \beta_1 z_{it-1}^F + \beta_2 d_{it-1}^D + \beta_3 d_{it-1}^I + T_{it} \quad (7\text{-}4)$$

式（7-4）中 T_{it} 满足独立同分布，均值为 0，方差为 Σ_T^2。由于不同出口模式的市场接近程度差异，直接出口企业更为接近外国市场，因此具备更强的需求冲击适应能力，预期 $0 < \beta_2 < \beta_3$，即不同出口模式通过异质性的"需求冲击适应效应"渠道影响企业加成率动态演进。

根据式（7-3）和式（7-4），综合可得下列两个命题。

命题 1：出口企业可以通过"出口中学效应"提高生产率水平，进而增强其加成率。直接出口的"出口中学效应"大于间接出口。

命题 2：出口企业可以通过"需求冲击适应效应"提高价格水平，进而增强其加成率。直接出口的"需求冲击适应效应"大于间接出口。

如果命题 1 和命题 2 均成立，即直接出口企业在生产率渠道的"出口中学效应"和价格渠道的"需求冲击适应效应"均大于间接出口企业，那么可得：

命题 3：出口企业的动态加成率效应大于不出口企业，直接出口企业出口进入行为产生的动态加成率效应大于间接出口企业。

第三节　计量模型与实证结果

一　计量模型设定

针对动态效应的检验，本章采用倾向得分匹配—倍差法（PSM-DID），以拟自然实验方式探究出口行为可能的加成率效应。其主要思想在于寻找企业出口进入后的"反事实"，通过与"反事实"差分比较可得出口的加成率效应。具体估计方法是：首先根据企业是否从事过出口将样本分为出口企业（处理组）和不出口企业（初步控制组），在此基础上通过倾向得分匹配筛选初步控制组中与处理组企业特性近似的样本作为实验控制组（Heckman et al.，1998；Abadie & Imbens，2006）。倾向得分匹配的协变量选择 l、va、$\mathrm{ln}tfp\_lp$、ext_fin、$input\_ratio$ 和外资比例（$forshare$），[①] 其中 ext_fin 表示企业的融资约束情况。[②] 根据相关文献企业规模和生产率高低是决定能否出口的重要因素（Melitz，2003；Helpman et al.，2004），融资约束情况和中间品投入的程度也会影响企业出口决策（Manova，2013；Fan et al.，2015），对中国企业研究发现，外资企业出口参与度较高（Du et al.，2012），[③] 因此本章选取上述变量作为匹配的协变量。匹配过程是：首先，采用 Logit 回归估计以下模型：

$$Logit(export_{it} = 1) = \Phi_{it-1}(l,\ va,\ \mathrm{ln}tfp\_lp,\ ext\_fin,$$

① 本章的基准模型使用最近邻匹配（Nearest neighbor matching）的方法，采用 1 : 3 比例在基期进行匹配。事实上，本章还进行了 1 : 1 和 1 : 2 的匹配，其结果基本一致，匹配协变量的平衡性检验汇报在表 7-10 中。表 7-10 显示协变量匹配后整体上偏差大幅下降（$fcons$ 除外），匹配后协变量在处理组和控制组均不存在显著性差异，这说明本章匹配有效，控制了样本选择性偏误。

② 参考黄先海等（2016a）的测算方法，本章通过企业的外源融资情况（利息率）作为融资约束的代理变量。利息率=利息合计/固定资产合计。

③ 本章通过计算各企业实收资本中境外资本占比作为外资比例（$forshare$）的代理变量。

$$input\_ratio, forshare) \tag{7-5}$$

对式（7-5）进行估计之后可得各样本的倾向得分，令 $score_i$ 和 $score_j$ 分别表示处理组和控制组的倾向得分，最近邻匹配的规则可表示为：

$$\Gamma(i) = \min_j (score_i - score_j)^2 j \in (export = 0) \tag{7-6}$$

其中 $\Gamma(i)$ 是处理组中与对照组企业匹配的集合，对于每个处理组 i，相应对照组的 j 进入集合 $\Gamma(i)$。经过最近邻匹配之后，可得与处理组企业匹配的控制组企业集合 $\Gamma(i)$，其加成率变化量 $E(\Delta \mu_i^0 \mid export_i = 0, i \in \Gamma(i))$ 可视为 $E(\Delta \mu_i^0 \mid export_i = 1)$ 的一个较好替代。构造二值变量 $export_i = \{0, 1\}$，当企业属于处理组时，$export_i = 1$，反之属于控制组，对照组在样本期一直是不出口企业，从而避免因企业状态变化带来样本选择性偏误。第二步，根据出口进入年份将样本期划分为两段，用二值变量 $post_t = \{0, 1\}$ 表示，其中 $post_t = 0$ 和 $post_t = 1$ 分别表示企业开始出口前和出口后。$\Delta \mu_i$ 表示企业 i 在出口后加成率变化。其中 $\Delta \mu_i^1$ 和 $\Delta \mu_i^0$ 分别表示处理组和控制组在两段时间发生的加成率变化。倍差法认为企业出口后加成率实际变动：

$$\delta = E(\delta_i \mid export_i = 1) = E(\Delta \mu_i^1 \mid export_i = 1) - E(\Delta \mu_i^0 \mid export_i = 1) \tag{7-7}$$

式（7-7）中 $E(\Delta \mu_i^0 \mid export_i = 1)$ 是处理组在不出口情境下的"反事实"，实际上无法观测。但是，根据倾向得分匹配所得控制组在这两段时间内加成率差距是该项合理的替代值，即假设 $E(\Delta \mu_i^0 \mid export_i = 1) = E(\Delta \mu_i^0 \mid export_i = 0)$。[①] 式（7-7）可以转换为：

$$\delta = E(\delta_i \mid export_i = 1) = E(\Delta \mu_i^1 \mid export_i = 1) - E(\Delta \mu_i^0 \mid export_i = 0) \tag{7-8}$$

根据倍差法基本设定，可得如下计量模型：

---

① 本章在图 7-1 中呈现了处理组和控制组在样本期（2000—2006 年）的加成率变动折线图，从图 7-1 中可知处理组和控制组企业具有较好的共同趋势，因此本章的假定具有合理性。

$$\mu_{ijrt} = \beta_i + \delta_0 exp\_ post_{ijrt} + Z'_{ijt}\beta_1 + Z'_{jt}\beta_2 + \{FE\} + \varepsilon_{ijrt} \quad (7\text{-}9)$$

其中 $exp\_ post_{ijrt}$ 表示二值变量交互项，δ_0 正负表示企业出口后加成率提升或者降低。为探究不同出口模式动态效应的异质性，进一步加入直接出口虚拟变量（$direct$）可得下列计量模型：

$$\mu_{ijrt} = \beta_i + \delta_1 exp\_ post_{ijrt} + \delta_2 exp\_ post \times direct_{ijrt} +$$
$$Z'_{ijt}\beta_1 + Z'_{jt}\beta_2 + \{FE\} + \varepsilon_{ijrt} \quad (7\text{-}10)$$

二 动态基准回归结果

（1）动态效应基准模型结果。式（7-10）的回归结果呈现在表 7-1 中，其中第（1）列为初步回归结果，$exp\_ post$ 系数显著为正，说明企业出口进入行为提高了加成率。进一步引入相关控制变量、固定效应后，$exp\_ post$ 系数仍然稳健，根据第（5）列的结果显示出口进入后企业加成率平均增长 0.0093（0.0378 个标准差），这就验证了命题 3 中出口企业动态加成率效应大于不出口企业的论述。动态效应基准模型结果表明，总体上看企业通过出口行为获得了更大的动态加成率效应。

表 7-1   出口对企业加成率影响（基准模型结果）

变量	（1）	（2）	（3）	（4）	（5）
$exp\_ post$	0.0350 ***	0.0152 ***	0.0092 ***	0.0092 ***	0.0093 ***
	（13.09）	（5.20）	（3.89）	（3.87）	（3.90）
ln$tfp\_ lp$	0.1707 ***	0.2677 ***	0.2689 ***	0.2682 ***	0.2673 ***
	（52.02）	（38.22）	（40.33）	（40.12）	（40.38）
控制变量	否	是	是	是	是
行业固定效应	否	否	否	是	是
省份固定效应	否	否	否	否	是
国家-年份固定效应	否	否	否	否	是
观测值	557317	557317	557317	557317	557317
拟合优度	0.347	0.469	0.471	0.471	0.471

（2）不同出口模式的回归结果。本章理论部分还对出口模式动态效应异质性进行了刻画，命题 3 指出直接出口因为更大的"出

口中学效应"和"需求冲击适应效应"其正向效应值应大于间接出口企业。表7-2针对上述理论结果进行了检验。总体来看，exp_post 系数均显著为负，$exp\_post \times direct$ 系数显著为正，这说明企业间接出口后平均意义上加成率下降，而直接出口后企业加成率提升。从效应值看，根据第（5）列间接出口企业加成率平均在出口后下降0.0008（0.0033个标准差），而直接出口企业加成率平均提升0.0274（0.1114个标准差）。

表7-2　　　　　　　出口对企业加成率影响（分出口模式结果）

变量	（1）	（2）	（3）	（4）	（5）
exp_post	-0.0040 ***	-0.0067 ***	-0.0008 **	-0.0008 **	-0.0008 **
	（-7.20）	（-3.56）	（-2.04）	（-2.02）	（-2.05）
$exp\_post \times direct$	0.0171 ***	0.0304 ***	0.0300 ***	0.0289 ***	0.0282 ***
	（4.76）	（4.91）	（4.27）	（4.26）	（4.24）
其他交互项	是	是	是	是	是
控制变量	是	是	是	是	是
行业固定效应	否	否	否	是	是
省份固定效应	否	否	否	否	是
国家-年份固定效应	否	否	否	否	是
观测值	557317	557317	557317	557317	557317
拟合优度	0.348	0.471	0.472	0.472	0.472

表7-2的结果表明，命题3中对于不同出口模式企业加成率动态效应论述是正确的，也反映出整体上间接出口企业"出口中学效应"和"需求冲击适应效应"较弱，从而表现为出口进入后负向动态加成率效应。综上，本章已经对理论部分的动态效应进行了实证检验，下面主要针对子样本进行异质性探究。

三　分组回归的结果

（1）不同地区的回归结果。表7-3呈现了不同地区的回归结果，其中第（1）、（2）列的结果表明东部地区的出口动态加成率效应显著超过全样本平均值。具体来看，根据第（2）列的结果，东部地区间接出口和直接出口企业在出口后加成率分别提升 0.0062（0.02521 个标准差）和 0.0374（0.1521 个标准差），这说明东部出口企业在"出口中学效应"和"需求冲击适应效应"上显著超过其他地区。根据第（4）和第（6）列的结果，中部和西部地区间接出口企业加成率在出口后分别显著下降 0.0031（0.0126 个标准差）和 0.0061（0.0248 个标准差），这说明中西部间接出口企业的"出口中学效应"和"需求冲击适应效应"较弱，其主要原因可能是上述地区较低出口参与度和企业出口强度，根据相关文献，间接出口正向效应不直接来源于出口市场学习，而较多来自相邻出口企业溢出效应（Fernandes & Tang，2014）。

表 7-3　　　　　　不同出口模式对企业加成率影响（分地区结果）

变量	（1）东部	（2）东部	（3）中部	（4）中部	（5）西部	（6）西部
exp_post	0.0069 *** (3.54)	0.0062 *** (3.41)	−0.0032 *** (−3.56)	−0.0031 *** (−3.52)	−0.0064 ** (−2.48)	−0.0061 ** (−2.41)
$exp\_post \times direct$	0.0318 *** (4.99)	0.0312 *** (4.07)	0.0309 *** (3.29)	0.0302 *** (3.16)	0.0269 *** (3.83)	0.0266 *** (3.81)
其他交互项	是	是	是	是	是	是
控制变量	是	是	是	是	是	是
行业固定效应	是	是	是	是	是	是
省份固定效应	否	是	否	是	否	是
国家-年份固定效应	否	是	否	是	否	是
观测值	459422	459422	74675	74675	23220	23220
拟合优度	0.473	0.473	0.473	0.477	0.493	0.493

从中西部地区直接出口企业看，上述地区企业直接出口后加成率分别提升 0.0271（0.1102 个标准差）和 0.0205（0.0834 个标准差），说明上述地区虽然域内溢出效应较弱，但是企业通过直接出口，接近国际市场可以获得较大的"出口中学效应"和"需求冲击适应效应"，从而显著提升加成率水平。

（2）不同要素密集度的回归结果。表 7-4 呈现了不同要素密集度的回归，其中第（1）和第（2）列汇报了劳动密集型企业的结果，该类型间接出口和直接出口企业加成率效应分别显著为负和显著为正。从效应值看，劳动密集型间接出口和直接出口分别令加成率变动0.0026（0.0106 个标准差）和 0.0175（0.0712 个标准差），这明显弱于样本平均值，一方面是因为劳动密集型企业较高的出口参与度通过出口市场竞争效应压低了定价权；另一方面由于该类型企业通常依靠要素成本优势，忽视产品质量改善，从而未能获得明显的"需求冲击适应效应"。从第（4）和第（6）列看，资本密集型和技术密集型直接出口企业动态加成率效应分别为 0.0380（0.1545 个标准差）和0.0296（0.1204 个标准差），均显著超过平均值，这说明该类型直接出口企业的两类正向效应均大于劳动密集型企业。

表 7-4　　　　不同出口模式对企业加成率影响（分要素密集度结果）

变量	（1）劳动密集型	（2）劳动密集型	（3）资本密集型	（4）资本密集型	（5）技术密集型	（6）技术密集型
exp_ post	-0.0026 ** (-2.54)	-0.0026 ** (-2.51)	0.0073 ** (2.11)	0.0068 ** (2.19)	0.0014 (1.09)	0.0012 (1.12)
exp_ post × *direct*	0.0203 *** (2.82)	0.0201 *** (2.87)	0.0319 *** (4.72)	0.0312 *** (4.13)	0.0298 *** (4.76)	0.0296 *** (4.24)
其他交互项	是	是	是	是	是	是
控制变量	是	是	是	是	是	是
行业固定效应	是	是	是	是	是	是
省份固定效应	否	是	否	是	否	是
国家-年份固定效应	否	是	否	是	否	是
观测值	297339	297339	126028	126028	133767	133767
拟合优度	0.461	0.472	0.472	0.479	0.470	0.472

从间接出口看，资本密集型间接出口企业加成率显著提升0.0068（0.0277 个标准差），而技术密集型企业效应并不显著。在样本期内（特别是 2004 年之前），我国对机电类产品直接出口

规制较弱，① 促进了更高效率的民营企业参与直接出口，因而表现为更大的动态加成率效应，通过产业集群内部的溢出效应提升了间接出口企业两类效应值，因此资本密集型行业总体表现优于全样本均值。

（3）不同所有制类型回归结果。表7-5呈现了不同所有制类型企业加成率动态效应回归，其中第（1）—（6）列分别汇报了国有、民营和外资企业结果。根据第（1）、（2）列结果可知，国有企业间接出口效应不显著，直接出口的效应值为0.0198（0.0805个标准差）。根据表4-18，2000年国有企业的直接出口规制显著弱于民营企业，但是从正向效应值看"出口中学效应"和"需求冲击适应效应"显著低于平均值，表现出较低的学习效应。民营企业的结果呈现在第（3）和第（4）列，其间接出口和直接出口效应值均显著为正，分别为0.0051（0.0207个标准差）和0.0375（0.1525个标准差），这说明民营企业间接出口和直接出口的两类效应均显著超过全样本均值，表现为较好的学习效应。

表7-5   不同出口模式对企业加成率影响（分所有制类型结果）

变量	（1）国有	（2）国有	（3）民营	（4）民营	（5）外资	（6）外资
exp_ post	−0.0044 (−0.87)	−0.0041 (−0.62)	0.0056*** (4.69)	0.0051*** (4.21)	−0.0081*** (−4.56)	−0.0069*** (−3.52)
exp_ post × direct	0.0200*** (3.60)	0.0198*** (3.26)	0.0332*** (4.72)	0.0324*** (4.74)	0.0303*** (4.10)	0.0301*** (4.07)
其他交互项	是	是	是	是	是	是
控制变量	是	是	是	是	是	是
行业固定效应	是	是	是	是	是	是
省份固定效应	否	是	否	是	否	是
国家-年份固定效应	否	是	否	是	否	是

① 对于机电企业自营出口权限制条件可参见表4-18，其注册资本要求显著低于其他类型企业。

续表

变量	（1）国有	（2）国有	（3）民营	（4）民营	（5）外资	（6）外资
观测值	23694	23694	183124	183124	199318	199318
拟合优度	0.426	0.429	0.491	0.494	0.452	0.458

第（5）和第（6）列汇报了外资企业的效应值，其中间接出口显著降低加成率水平达 0.0069（0.0281 个标准差），直接出口显著提升加成率达 0.0232（0.0943 个标准差），外资企业出口中存在较大程度的转移定价行为（Dai et al.，2016），因此其显性的加成率效应弱于民营企业。

四　影响渠道检验结果

理论部分对不同贸易模式下出口的加成率效应进行了渠道探讨，提出了出口企业通过生产率渠道的"出口中学效应"以及价格渠道的"需求冲击适应效应"影响企业加成率，这部分将会针对命题 1 和命题 2 进行实证检验。其中第（1）、（2）列呈现了间接出口和直接出口企业出口后生产率变动情况，考虑到稳健性，本章汇报了 LP 法和 ACF 法下测算的生产率结果。其中 LP 法下间接出口和直接出口企业在出口后生产率分别显著提升 0.0095（0.0084 个标准差）和 0.0392（0.0346 个标准差），ACF 法下间接出口和直接出口企业生产率分别提升 0.0156（0.0128 个标准差）和 0.0620（0.0509 个标准差），这说明两类出口企业均呈现显著的"出口中学效应"提升生产率水平，同时直接出口的该效应值大于间接出口，命题 1 成立。命题 2 的检验首先需要界定"需求冲击适应效应"的代理变量，根据上文分析，在控制出口目的国—年份固定效应后，企业需求冲击可通过产品质量进行刻画，本章通过"需求残差"法对企业出口产品质量进行测算（Gervais，2015；Fan et al.，2015）。其次，间接出口企业产品质量由于缺乏具体出口数量信息无法直接测算，需要通过其他方法设计实证检验。① 第（3）列呈现了对直接出口企业产品质量的回归，结果表明直接出口企业产品质量平均提升 0.0136（0.0899 个标准差），这说明直接出口企业在出口后获得正向"需求冲击适应效应"。第（4）列呈现了对间接出口企业"替代产品质量"的回归，结果表明出口企业由间接出口转为直接出口后产品质量提升 0.0082（0.0542 个标准差），这说明直接出口的"需求冲击适应效应"大于间接出口，出口产品质量和价格之间存在显著正向关系（Hummels & Klenow，2005；Khandelwal，2010），命题 2 得到检验。② 进一步，本章在第（5）、（6）列呈现了企业研发费用（r&d）和新产品产值（newproduct）的变动情况，根据第（5）、（6）列的结果，企业间接出口后上述指标并无显著变化，直接出口后上述变量分别增加 0.0488（0.0249 个标准差）和 0.0238（0.0121 个标准差），这表明直接出口后企业增加了研发投入，提升了产品创新水平以适应出口市场需求冲击。这部分回归尝试性证实了命题 1 和命题 2 的正确性。

表 7-6　　　　　　　不同出口模式对企业加成率影响渠道检验结果

变量	(1) lntfp_ lp	(2) lntfp_ acf	(3) quality	(4) quality	(5) r&d	(6) newproduct
exp_ post	0.0095 *** (3.27)	0.0156 *** (4.58)	0.0136 *** (3.74)		−0.0203 (−0.56)	−0.0562 (−1.39)
exp_ post_ direct	0.0297 *** (4.48)	0.0464 *** (5.56)		0.0082 ** (2.28)	0.0488 *** (2.90)	0.0238 ** (2.49)

---

① 根据本章对间接出口企业界定，间接出口企业仅出现在工业企业数据库，无法通过海关数据库直接测算出口产品质量。

② 这部分具体的处理过程是：第一，筛选 2004 年 7 月由间接出口转为直接出口的企业，根据 2004 年修订通过的《中华人民共和国对外贸易法》自 2004 年 7 月 1 日起取消对自营出口权限制，因此当年不满足注册资本要求的企业可进行直接出口，本书假定企业无法准确预测政策改变，并且在半年内产品质量并未发生明显变动，此时可通过 2004 年 7—12 月出口量测算当年"替代产品质量"；第二，以 2004—2006 年检验上述直接出口企业产品质量的动态变化。

续表

变量	（1） ln*tfp_ lp*	（2） ln*tfp_ acf*	（3） *quality*	（4） *quality*	（5） *r&d*	（6） *newproduct*
ln*tfp_ lp*			0.0026 *** （4.36）	0.0018 *** （3.28）	0.0011 ** （2.05）	0.0391 *** （3.24）
其他交互项	是	是	是	是	是	是
控制变量	是	是	是	是	是	是
观测值	557317	537069	160933	6824	50105	62030
拟合优度	0.482	0.357	0.398	0.692	0.181	0.255

注：第（1）、（2）列根据式（7-3）在控制变量基础上引入生产率滞后1阶的3次多项式。第（3）、（4）列回归仅考虑出口企业样本。回归均控制了企业个体、年份、2位码行业、省份、出口目的国—年份固定效应，下表同。

五 中介效应检验

根据上述理论分析表明企业生产率和出口产品质量是出口中学效应的主要中介机制，出口企业通过上述中介渠道可能分别从成本渠道和价格渠道提升其加成率水平。这部分主要检验出口动态行为对企业生产率和出口产品质量的影响，在此基础上检验上述中介变量的显著性。根据表7-7的回归结果显示，总体上企业生产率和出口产品质量均是出口动态行为的显著中介变量，第（2）、（3）列结果显示在控制了上述变量后动态效应值显著下降。第（4）列同时纳入了企业生产率和出口产品质量后，出口动态效应的正向影响显著下降，通过 Sobel 检验表明企业生产率和出口产品质量是企业出口动态效应的显著中介变量。

表7-7 中介效应检验

自变量 ＼ 因变量	μ （1）	μ （2）	μ （3）	μ （4）
exp_ post	0.0289 *** （2.69）	0.0165 ** （1.98）	0.0196 ** （2.08）	0.0136 （1.53）
ln*tfp_ lp*		0.1298 *** （3.89）		0.1089 ** （1.96）

续表

自变量 \ 因变量	μ (1)	μ (2)	μ (3)	μ (4)
quality			0.0916* (1.92)	0.0298* (1.84)
观测值	557317	557317	557317	557317
AR (1) _ P	0.000	0.002	0.000	0.000
AR (2) _ P	0.198	0.181	0.212	0.183
Sargan_ P	0.283	0.228	0.265	0.162

注：括号内为 z 值；*、**、*** 分别表示 10%、5%、1% 的显著性水平（Two-tailed）。回归控制了年份固定效应和省份固定效应。回归包含控制变量，备索。

六　稳健性检验

（1）去除可能错误识别企业样本。由于本章依据工业企业—海关匹配数据库识别直接出口和间接出口企业，存在错误识别的可能性，为保证样本识别不影响本章主要结论的稳健性，这部分通过进行可能的样本筛选对基本结论进行稳健性检验。其中第（1）、（2）列删去了间接出口中纯出口企业样本和当年 12 月出口样本，根据相关文献中国纯出口企业大部分通过加工贸易出口（Dai et al.，2016），因此会影响间接出口企业效应检验，12 月出口样本由于运输、报关等时滞会实际在第二年出口，从而将直接出口企业错误识别为间接出口企业。结果显示出口企业总体上加成率提升 0.0097（0.0394 个标准差），其中间接出口企业和直接出口企业加成率分别下降 0.0010（0.0041 个标准差）和提升 0.0279（0.1135 个标准差）。根据表 4-18 中，2000—2003 年相当比例企业不具备自营出口权，即无法直接出口，因此这部分企业可能会对本章结果产生影响，在第（3）、（4）列中汇报了具备自营出口权企业的回归，结果显示总体上出口令企业加成率下降，直接出口和间接出口的异质性效应和基准模型一致。第（5）、（6）列仅考虑 2004—2006 年企业样本，即所有企业均可自主决策出口模式，仍呈现出与基准模型一致的结果。上述回归说明，在去除可能错误识别样本后，本章基准模型结果通过稳健性检验。

表 7-8　　　　　　　　去除可能错误识别样本回归结果

变量	（1）	（2）	（3）	（4）	（5）	（6）
	去除纯出口企业样本		保留具备自营出口权样本		保留 2004—2006 年样本	
exp_ post	0.0097 ***	−0.0010 **	0.0108 ***	−0.0010 *	0.0142 ***	−0.0005 ***
	（3.12）	（−2.04）	（3.86）	（−1.82）	（4.13）	（−3.91）
exp_ post × direct		0.0289 ***		0.0299 ***		0.0319 ***
		（3.21）		（7.16）		（5.21）
其他交互项	是	是	是	是	是	是
控制变量	是	是	是	是	是	是
观测值	459896	459896	501798	501798	304004	304004
拟合优度	0.469	0.471	0.461	0.463	0.454	0.456

（2）分位数回归结果。上述回归的结果大都基于"均值回归"，回归结果容易受到极端值的影响（Koenker & Bassett，1978）。因此通过面板分位数回归可以检验不同加成率的间接出口和直接出口企业加成率动态效应异质性（Powell，2015），结果呈现在表 7-9 中。其中第（1）—（5）列分别呈现了10%、25%、50%、75% 和 90% 分位数的回归，总体来看，*exp_ post* 和 *exp_ post×direct* 系数均与基准模型一致（90%分位数除外），从效应值角度看，10%—90%分位数的出口企业表现出当企业市场势力逐步提升时，间接出口负向效应减弱、直接出口正向效应增强的趋势。这表明更高市场势力企业更能掌握出口定价权，"出口中学效应"和"需求冲击适应效应"更为显著，因此具有更强的出口动态加成率效应。作用方向和效应大小均显示在面板分位数回归下基准模型结果仍然显著。

表 7-9   面板分位数回归结果

变量	（1） 10%	（2） 25%	（3） 50%	（4） 75%	（5） 90%
exp_ post	−0.0181 *** （−3.23）	−0.0045 *** （−2.98）	−0.0026 *** （−4.37）	−0.0012 *** （−4.56）	−0.0208 （−1.34）
exp_ post × direct	0.0272 *** （4.24）	0.0279 *** （3.82）	0.0286 ** （2.52）	0.0292 ** （2.23）	0.0356 *** （3.75）
其他交互项	是	是	是	是	是
控制变量	是	是	是	是	是
观测值	557317	557317	557317	557317	557317
拟合优度	0.429	0.432	0.456	0.452	0.451

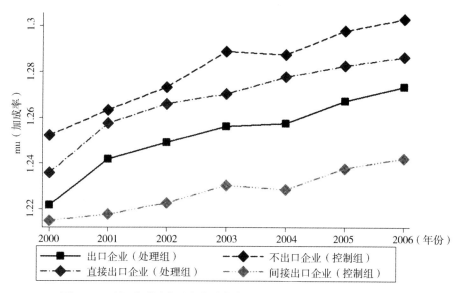

图 7-1   匹配后不同类型企业分年份加成率比较（2000—2006 年）

表 7-10   匹配前后处理组、控制组平均处理效应（ATT）比较

变量	样本	处理组	控制组	差距	标准差	T 值
μ	匹配前	1.2571	1.2892	−0.0321 ***	0.0004	−74.21
	ATT	1.2571	1.2926	−0.0355 ***	0.0006	−57.67

第四节　本章小结

本章基于扩展的 MO 模型，将企业出口模式选择和出口动态效应引入 MO 模型，以此论证中国企业选择不同出口模式下加成率的决定，并进一步探究不同出口模式可能对企业加成率动态的异质性影响及作用渠道。理论部分指出出口模式选择通过"出口中学效应"和"需求冲击适应效应"分别从成本渠道和价格渠道影响企业加成率。

在理论分析的基础上，本章还运用工业企业数据库和海关数据库进行了实证分析，得到以下计量结果。第一，动态来看企业间接出口后平均意义上加成率下降，而直接出口后企业加成率提升。第二，子样本异质性检验结果显示，东部地区、资本密集型行业和民营企业表现出更大的"出口中学效应"和"需求冲击适应效应"，加成率动态增长较大。第三，针对理论模型中影响渠道的检验显示，"出口中学效应"和"需求冲击适应效应"存在理论模型中刻画的情形，直接出口企业的上述动态效应值均显著超过间接出口企业，从企业加成率角度出发，实现贸易脱媒，推动间接贸易企业向直接贸易转型也是提升其盈利水平的重要路径之一。

表 7-11　　　　　　　匹配前后协变量平衡性检验

变量	样本	处理组	处理组	偏差（％）	减少（％）	T 值	P 值
l	匹配前	5. 3395	4. 7286	53. 3	99. 2	90. 76	0. 000
	匹配后	5. 3395	5. 3323	0. 4		0. 68	0. 497
va	匹配前	8. 8229	7. 9536	62. 7	91. 4	14. 60	0. 000
	匹配后	8. 8229	8. 7484	5. 4		0. 82	0. 412
$\ln tfp\_lp$	匹配前	6. 3358	5. 6843	56. 8	93. 8	9. 36	0. 000
	匹配后	6. 3358	6. 2956	3. 5		0. 55	0. 582

续表

变量	样本	处理组	处理组	偏差(%)	减少(%)	T值	P值
fcons	匹配前	0.0736	0.0951	-1.0	40.0	-1.52	0.128
	匹配后	0.0736	0.0864	-0.6		-0.91	0.363
input_ ratio	匹配前	0.7589	0.7489	8.7	85.9	14.44	0.000
	匹配后	0.7589	0.7604	-1.2		-1.90	0.058
forshare	匹配前	0.2815	0.0508	74.3	90.7	18.06	0.000
	匹配后	0.2815	0.2601	6.9		1.68	0.093

第八章

结论与政策含义

以上通过理论模型构建和实证检验对本书的核心学术命题：中国出口企业"低加成率陷阱"的现状及动态演进规律进行了系统性分析，在此基础上还为促进中国出口企业向优质优价模式的转型升级提供了潜在路径。本章首要目的在于提炼本书的核心观点，系统、全面地呈现本书在理论和实证两个层面的学术边际贡献。在此基础上，根据上述研究成果提供促进中国出口企业向优质优价模式转变的政策含义，在有效市场基础上更好发挥有为政府的职能。最后，在总结现有研究不足的基础上，结合目前的研究前沿，提供可能的研究方向，以供后续研究参考。

第一节　主要结论

本书的主线是探究中国出口企业"低加成率陷阱"的理论解释，沿着这条路径通过构建理论模型深入研究了静态条件下出口企业加成率的决定因素，并扩展到动态影响，在一个理论框架下有效解释了这一学术命题的产生机制、动态影响和破解路径。具体可将本书的研究内容概括为以下几点。

（1）技术层面提供了测算中国企业层面和企业—产品层面加成

率的前沿方法。基于 DLW 法，本书通过使用目前主流的中国工业企业数据库和中国工业企业产品产量数据对企业加成率进行了测算。这一方法对于评价微观企业市场势力、出口企业贸易利得提供了一种新的视角。相比于企业层面生产率测算，该指标更加接近企业微观决策基础；相比于行业层面加成率、勒纳指数的测算，更能体现出企业层面异质性。从测算结果看，样本年份内我国出口企业加成率显著低于不出口企业，这一结论在 2 位码行业、不同所有制、不同要素密集度、不同地区等多种分类下均显著成立。通过更为精确的实证模型，本书提供了有关中国出口企业"低加成率陷阱"的稳健结论。

（2）通过扩展 MO 模型建立了本书的基准模型，理论模型通过对企业内销和出口行为的加总得到了一般意义上出口企业的平均加成率。结果显示出口企业加成率并非随生产率的线性关系，而是随生产率呈"U"形曲线关系，即生产率较低的出口企业加成率低于相应生产率的不出口企业，只有当生产率超过门槛值时，企业加成率才会与生产率呈现正相关关系。进一步，引入产品质量的影响，发现出口企业加成率决定因素是最优产品质量选择。相比于更为底层的企业生产率，企业产品质量对加成率的解释更为直观。研究发现出口企业面临"竞争加剧效应"和"质量升级效应"，存在正向"质量升级效应"门槛值，只有当企业跨越这一门槛值时才会选择"高质量、高价格、高加成率"的出口模式，反之当出口企业的生产率水平较低时，会选择"低质量、低价格、低加成率"的出口模式，从而引致出口企业"低加成率陷阱"。实证结果表明中国出口企业仅有约 25%越过这一门槛值，即大多数出口企业处于"低加成率陷阱"，这是基准模型从理论和实证两个维度对这一学术命题的刻画和检验。

（3）基准模型通过全样本数据对"低加成率陷阱"进行了分析，但是忽略了可能存在的子样本异质性。Ahn 等（2011）指出中国存在较为广泛的贸易中间商问题，大量企业凭借间接贸易出口。通过扩展基准模型，本书提出企业加成率除了由生产率决定外，还受到"需求冲击效应"影响,需求冲击越大企业出口加成率水平越低。引入出口模式的动态扩展模型表明,出口企业在动态下面临"出口中学效应"和"需求冲击适应效应",直接出口企业相比于间接出口企业具有更加显著的正向"出口中学效应"和"需求冲击适应效应",因而面临出口市场竞争时,直接出口企业的加成率水平显著提升,而间接出口企业加成率水平显著弱化,正是由于不同的贸易模式造成了出口企业"低加成率陷阱"。

(4)在静态模型基础上,本书通过对企业加成率动态的研究,试图回答促使中国出口企业跨越"低加成率陷阱"的重要渠道,其中可能的路径之一是通过进口中间品。根据新增长理论,进口中间品通过水平效应和垂直效应提升企业生产率水平,本书重点考察了更多进口中间品的水平效应。出乎理论预期的结果是中国进口中间品企业的加成率显著低于非进口中间品企业,这是本书提出的第二个重要学术命题"低加成率之谜",谜底来自更多使用优质进口中间品企业的加成率水平更低。通过实证分析,本书发现通过加工贸易嵌入全球价值链并不能改善企业竞争力水平,而一般贸易进口中间品企业的加成率则显著提升。本书通过纳入全球价值链参与的异质性企业贸易理论,对上述问题进行了解释。一种潜在的可能性是中国企业(特别是民营企业)由于面临较强的融资约束,更倾向于通过加工贸易进口中间品,而贸易分成决定于企业的前置成本负担,融资约束较紧的企业由于较少的初始成本投入缺乏最终利润议价权,因此其贸易分成相对较少,加成率未能显著改善。本书通过实证研究对这一机制进行了检验,并提出应实现加工贸易转型升级的政策建议。

(5)除了通过进口中间品提升企业加成率外,产品创新也是动态改进企业加成率的重要路径之一。本书通过扩展 MO 模型,在基准模型中引入企业最优产品质量选择,将企业产品创新简化为垂直层面的质量创新,理论结果表明企业的产品创新行为可通过影响企业出口产品质量作用到加成率,但是产品质量对企业加成率的影响不是单调的，而是呈现"U"形曲线关系，只有当企业产品质量提升到一定程度时，创新才能提升出口企业加成率水平。实证研究结果显示总体上产品创新提升了出口企业加成率，在各个子样本中均存在显著正向效应，这证实了产品创新是中国出口企业动态提升加成率的重要路径，创新驱动战略从实证层面确实是提升我国出口企业竞争力的必由之路。

第二节　政策含义

结合前文理论分析和实证研究的相关结果，可以得到本书的政策含义。

（1）实施以"效率增进→质量升级→价格提升→盈利改善"为突破口的高质量、内涵式出口导向升级战略，改变原有主要依赖劳动力成本优势的低加成率出口模式。实证结果表明我国过于依赖劳动力比较优势，依靠低成本大量出口劳动密集型产品的模式造成了出口市场的过度竞争，从而压低终端市场的定价能力，这是造成"低加成率陷阱"的重要原因之一。根据新结构经济学的基本观点，一国主导产业的发展决定于动态比较优势的演进（Ju et al.，2015）。而相关研究表明中国处于向前沿国家收敛的技术路径（黄先海和宋学印，2017；龚刚等，2017），劳动密集型产业已非完全意义上的中国比较优势来源，部分新兴产业面临与发达经济体同发优势（黄先海和诸竹君，2015）。应从战略层面出发鼓励技术密集型企业出口，实现比较优势的动态转换，将"中国制造2025"和外贸转型升级战略相对接，实现开放经济和企业竞争力的动态提升。

（2）全面深入实施东部优先发展、中西部梯级质量升级的出口转型区域政策，落实"中部崛起"和"西部大开发"战略，增强中部和西部企业质量升级意愿。根据第四章的结论可知，相比于东部企业而言，中部和西部企业质量升级意愿相对较弱，缺乏通过出口提升产品质量的能力。从地区层面来看，这可能与当地较低的市场化程度有关（诸竹君等，2017c），中西部地区由于较低的市场化程度，知识产权保护较弱，企业缺乏质量升级和工艺创新的意愿，而这又存在"路径依赖"进一步恶化了中西部的微观创新环境和发展前景。从企业层面看，中西部企业的生产率水平相对较低，理论研究表明较低生产率企业会在出口市场选择"低质量、低价格、低加成率"的进入模式，虽然短期内可获得利润回报，但是长期由于较低的单位利润可能造成"贫困化增长"。因此，"中部崛起"和"西部大开发"战略的要点是应提升中西部地区的市场化程度，降低创新的制度性成本，加大知识产权保护力度。另外，微观政策方面应进一步强化企业转型升级意识，通过环境资源等约束手段倒逼企业转型，通过功能性财政税收政策促进企业转型。积极推进"腾笼换鸟"工程，引进东部地区先进生产企业和生产技术，不断提升企业全要素生产率。

（3）推进以全球价值链地位升级作为主要突破口的进口政策，大力提升出口企业进口中间品和资本品的数量和质量，构建"一般贸易优化、加工贸易升级"为战略突破口的出口企业全球价值链提升路径。《2017年国务院政府工作报告》中明确提出增加先进技术、设备和关键零部件进口，促进贸易平衡发展和国内产业加快升级。本书结论表明通过进口中间品提升企业竞争力水平确实是可行路径，但是相比而言，一般贸易进口中间品企业加成率获得显著提升，而加工贸易进口中间品企业加成率显著弱化。政府应进一步推动"优进优出"贸易战略，不断优化贸易便利化政策，降低出口企业固定成本和可变成本。推动银行、保险、证券等金融机构对外开放提升行业竞争水平和服务质量，降低企业融资成本和融资约束，促进进口中间品企业向全球价值链高端跃进。落实加工贸易转型升级政策，积极推动加工贸易企业沿着代工生产（OEM）向委托设计（ODM）和自创品牌（OBM）等高端化方向延伸，提升加工贸易企业的出口定价权，切实秉承由"中国制造"向"中国质造"转变的产业升级路径。

（4）战略性提升我国融资体系，建立更加普惠、更加贴近实体经济发展的金融业体系。根据第五章的分析结果，中国的民营企业（特别是中小企业）面临严峻的融资约束问题，一方面使得较高生产率的企业选择进入成本较低的加工贸易嵌入全球价值链，另一方面降低了企业通过出口中学进行研发创新的概率。因此，应进一步强化金融业服务实体经济能力，防止脱实向虚，通过建立普惠金融事业部等形式金融创新提升金融业扶持中小企业发展能力。一方面筑牢金融风险"防火墙"；另一方面千方百计降低企业融资约束，推动实体经济转型升级。除了发展间接融资之外，应鼓励和推动企业发展直接融资平台，积极发展创业板、新三板和区域性股权市场，稳健发展互联网金融平台，提供质量更优的服务。

（5）建立更为完备的微观企业政策，鼓励和推动各种所有制企业全面实施创新驱动战略，实施从追赶导向到创新导向升级的出口企业引导政策。实证研究结果表明国有企业占据了大量研发资源和研发资金，但是研发创新的效果并不明显，存在大而不强的问题。应加快落实以提高核心竞争力和资源配置效率为目标的发展政策，做强做优做大国有企业，通过混合所有制改革、员工持股等多种改革手段提升国有企业市场竞争力。强化国有企业预算约束限制，对缺乏市场竞争力甚至已转为"僵尸企业"的国有企业实施有效退出机制。注重激发民营企业创新活力，坚持民营企业平等市场主体地位，推动民营企业与高校、科研院所合作建设研发中心，加快科技成果产业化进程，鼓励有实力的民营企业建立实验室、科技园等研发平台，给予人才、土地和金融等政策支持，推动民营企业由相对低端的生产制造向创新驱动跨越。不断优化外资投资环境，放宽外资进入标准，更加全面地引进外资，将吸引外资和自贸区战略相对接，鼓励外资企业在华设立研发中心、营销中心，强化知识产权保护，推动外资引进标准由数量型向质量型转变。

第三节　进一步研究方向

本书以中国出口企业"低加成率陷阱"为主题，在 MO 模型基础上进行了有益扩展，提供了一个可以解释开放条件下出口企业加成率决定机制和决定因素的理论框架。在基准模型基础上，本书重点探究了如何使中国出口企业跨越"低加成率陷阱"的动态决定因素，深入研究了进口中间品、产品创新和出口模式转换对企业加成率的动态影响，对理解和判断中国出口企业竞争力和推动其转型升级具有一定参考意义。当前中国经济正处于转型升级、爬坡过坎的关键时期，作为中国经济微观主体的企业正面临由做大向做强、做优转变的重要阶段。本书以企业加成率测算为实证基础，通过目前前沿的实证产业组织理论成果，运用结构方程模型的方法估计了企业层面加成率。在此基础上，运用中国工业企业产品产量数据对企业—产品层面加成率测算方法进行了深入研究，为评价中国工业企业市场势力提供了一种新的指标。但是，限于目前的研究领域和数据限制，本书还存在一定研究不足，特别是在对加成率的决定因素和动态行为刻画上存在较大的研究潜力，这也是需要进一步研究的方向。具体包括以下几点。

一、加成率测算方法的进一步改进。目前主流的方法是基于结构方程模型的 DLW 法，前文已经充分说明了这种方法在测算企业加成率方面的优势。但是，DLW 法也存在至少以下几点问题：

（1）关于企业成本最小化的假设过强，事实上企业可能并不能在一期内设定成本最小化，而是会存在跨期优化行为，因此基于单期成本最小化的模型设定存在潜在偏误；

（2）使用名义产量数据平减的 DLW 法并不能完全剔除价格因素的影响，特别是无法观测企业层面真实价格对加成率的效应异质性。即使是采用实际产量方法的 De Loecker 等（2016）方法也存在投入品价格缺失的问题，使用行业层面投入品价格指数平减存在忽略企业投入品异质性问题，可能使加成率测算产生偏误；

（3）国内还缺少直接法测算企业加成率的尝试。由于统计数据的缺失，目前使用结构方程模型估计的方法均存在潜在偏误，Atkin 等（2015）通过企业调查数据对样本企业加成率直接进行了测算，通过对中国微观企业的细致调查可能会弥补现有通过工业企业数据库测算的不足，更为准确评价企业的市场势力。

二、中国出口企业"低加成率陷阱"问题的进一步探索。当前已经有相当一部分文献对这一学术命题进行了有益探索，主要包括以下几点解释角度：贸易政策扭曲、市场分割和弱学习效应、内生化质量选择、外资企业转移定价等（盛丹和王永进，2012；钱学锋等，2015a；刘啟仁和黄建忠，2015；黄先海等，2016b；Zhang & Zhu，2017）。本书基于扩展的 MO 模型对这一学术命题进行了更具理论解释力的分析，表明即使控制中国的贸易政策和市场分割等因素，企业选择"低质量、低价格、低加成率"进入出口市场仍是内生最优选择，这为该命题研究找到了一个基准模型（Benchmark model）。但是，对这一问题的理解随着最新贸易理论的发展存在以下可能的拓展方向。

（1）全球价值链理论的兴起，使得贸易研究者更加关注中国出口企业在全球价值链中所处地位，通过计算企业出口国内增加值比例（DVAR）和上游度等指标进行刻画。结合这一研究方向可以在全球价值链视角下对中国出口企业"低加成率陷阱"问题进行进一步思考，是否由于中国企业较低的全球价值链嵌入地位影响了其市场势力的获取，进而从工艺升级、产品升级、链条升级等多维度进一步挖掘潜在的解释机制。

（2）从金融业等生产性服务业与工业企业互动关系等角度出发研究这一问题。改革开放以来，以开放促发展成为我国实现跨越式前进的基本路径，相比于工业领域的对外开放，服务业一直是我国规制相对较多的领域。大量研究表明作为制造业上游的服务业产品种类和质量会显著影响下游制造业企业的生产效率，进而可能对企业加成率在内的绩效指标产生影响。根据相关文献，金融业是工业企业普遍接触的上游部门，企业生产、销售、研发等环节均需要金融业提供融资服务，而融资约束是造成中国企业诸多差异性表现的重要因素之一，一种潜在的可能性是融资约束影响了中国出口企业的全球价值链参与程度，进而影响到加成率的决定，金融业的相对欠发达和缺乏普惠性可能是造成中国出口企业"低加成率陷阱"的重要外因。在博士学位论文基础上，作者的进一步研究发现金融业开放程度显著影响了企业加成率水平，通过外资银行进入这一外生冲击的研究发现：总体上外资银行进入后，进入区域内企业平均加成率显著增加；行业层面异质性渠道检验表明，行业与技术前沿差距越小、行业外部融资依赖度越高、与银行业投入产出关联度越大时，外资银行进入"加成率效应"越大；分所有制类型的结果显示，民营和外资企业的正向效应更为显著，且大型民营企业的正向效应值最大；分地区和要素密集度的结果显示，东部和劳动密集型企业的正向"加成率效应"较大。这一研究基本上回答了金融业发展水平对企业加成率的影响机制和实证结果，发表于《数量经济技术经济研究》2018 年第 3 期（诸竹君等，2018）。

（3）基于企业内贸易的异质性企业贸易理论重构。自 Melitz（2003）发端的新新贸易理论重点研究了行业内企业间异质性，论证了企业的生产率服从 Pareto 分布，出口企业是相对更高生产率企业。但是，目前企业间贸易的情况并非微观贸易的全部，有大量贸易发生于跨国公司内部，特别是当前中国步入对外直接投资的快车道，更多出口可能发生于企业内贸易，而企业内贸易的定价行为不完全由利润最大化行为决定。中国出口企业"低加成率陷阱"是否由企业内贸易导致的，这需要进一步深入研究，而研究的难点在于建立完整的跨国公司母子公司匹配数据库。

三、中国出口企业实现"优质优价"转型的潜在路径。相比于对过去事实的解释，更具有政策意义的是对未来中国出口企业向优质优价模式转型升级的路径研究。本书提供了从引进进口中间品、产品创新、出口模式动态演进等渠道的升级路径，提供了一定有益参考。但是，还可能存在以下一些潜在的研究方向。

（1）本书深入研究了进口中间品对企业加成率的影响机制和作用程度，但是忽视了进口中间品质量的影响。事实上，进口中间品除了在水平层面的差异外，还存在垂直差异化，不同质量进口中间品的效应可能不同。随着中国出口企业更为深入嵌入全球价值链，通过引进高质量的进口中间品提升产成品质量和价格，从而提升其市场势力是可能的选择。

（2）本书研究了产品创新对企业加成率的影响，但是限于现有数据仅使用了工业企业数据库中新产品产值作为代理变量，可能存在识别偏差。随着企业层面专利数据可得性提升，以专利作为创新代理变量的研究可能弥补上述分析存在的不足。我国专利包含发明、实用新型和外观设计，相对而言发明和实用新型专利的创新程度更高，专利数据更能体现企业自主创新的程度以及其对企业加成率的影响。在我国大力倡导创新驱动发展背景下显得尤为重要。

（3）随着我国提出"一带一路"倡议，深入实施自贸区战略以来，加快实现贸易投资一体化，突出对外投资引领作用的重要性日益凸显。加入 WTO 前 10 年我国的贸易对象主要是发达经济体，通过大量出口相对低价商品获得外汇储备和生产技术，但是实证研究表明这种贸易形式并没有显著提升出口企业加成率水平。后危机时代以来，以美国为首的西方发达经济体并未完全走出经济衰退，整体需求不确定性较大。基于"一带一路"和自贸区战略重构的我国对外贸易结构是否能改善出口企业竞争力水平，这是一个具有理论和实践价值的学术命题。如何评价对外直接投资和"南南合作"对出口企业加成率的影响是亟待解决的问题。

（4）基于行业和宏观层面的加成率加总及动态分析。企业研究是为宏观研究提供微观基础，目前将微观研究和宏观研究有机连接的文献相对较少。如何推动行业层面出口的竞争力提升，从在位企业加成率研究、新企业进入以及退出对行业层面加成率的影响，这些领域目前研究相对较少。未来可能在异质性企业贸易理论和宏观贸易理论间找到更好的桥梁，打通企业研究和行业层面研究的界限，更为全面地评价我国出口的竞争力动态演进。

附　　录

对式（4-9）数值模拟的参数取值有文献依据，主要参见 Obstfeld 和 Rogoff（2000）。对冰山贸易成本 τ 的赋值，根据上文的研究成果，该参数的取值应设定为 $\tau \in (1.1, 1.4)$。

对 L^F/L^H 的估计，本书依照理论模型中的设定，其经济含义是本国市场规模与外部市场规模的相对值，因此对其的估计可以使用中国 1998—2007 年的国内生产总值（GDP）与其他各国 GDP 总量的比值。参见附表1。

附表1　　国内、外市场规模相对值估计（1998—2007 年）

单位：亿美元（2005 年价格）

年份	中国（GDP_C）	世界（GDP_W）	L^F/L^H
1998	12149.1	373176	29.71635
1999	13072.4	385707	28.50545
2000	14170.5	402220	27.38432
2001	15346.6	409192	25.66337
2002	16743.2	417631	23.94332
2003	18417.5	429350	22.31207
2004	20277.7	447306	21.05901
2005	22569.0	463479	19.53609
2006	25435.3	482507	17.96997

年份	中国（GDP_C）	世界（GDP_W）	L^F/L^H
2007	29047.1	501727	16.27288
总计	187228.4	4312295	22.03227

注：（1）数据来源，世界银行世界发展指数（WDI）数据库（2014年5月）。

（2）L^F/L^H 为笔者自己测算，其核算公式为 $L^F/L^H = (GDP_W - GDP_C)/GDP_C$，该数据可以较好反映中国市场和国外市场相对需求之比。

由于无法直接观测企业的边际成本，因此对国内及国外经营的临界成本 c^H 和 c^F 的设定，本书主要根据企业全要素生产率的估计值进行推算。根据 Melitz（2003）的主要理论结果，出口企业需要克服更高的固定成本，因而是生产率更高的企业。附表2呈现了 LP 法和 ACF 法估计的企业全要素生产率，根据全样本工业企业生产率的分布情况，可以大致估计出口和不出口企业的生产率比值，进而作为国内和国外经营临界成本的一个替代。

附表2　　LP 法和 ACF 法估计的企业全要素生产率各分位数数值

（1998—2007 年）

分位数	LP 法	ACF 法
5%	4.4164	2.2778
10%	4.9727	2.8178
25%	5.5992	3.4701
50%	6.2592	4.0774
75%	7.0095	4.7144
95%	8.2198	5.7289

根据附表1和附表2的结果，可以判定 $L^F/L^H \in (10, 30)$，$c^F/c^H \in (0.5, 1)$。因此，上述讨论，本书设计了五种情境下的数值模拟，其中第1种见正文图4-2。另外四种参见附图1。结论是：在可行的赋值区间内均会出现理论模型中刻画的出口企业"低加成率陷阱"区域，这种现象是稳健的。

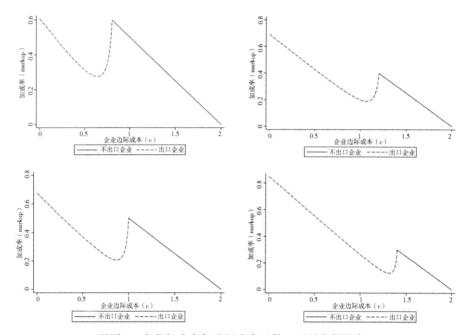

附图1　企业加成率与边际成本函数（四种参数设定）

说明：具体参数设定为（1）$L^F/L^H = 15$、$c^H = 2$、$c^F = 1$、$\tau = 1.4$（2）$L^F/L^H = 15$、$c^H = 2$、$c^F = 0.8$、$\tau = 1.4$（3）$L^F/L^H = 20$、$c^H = 2$、$c^F = 1$、$\tau = 1.3$（4）$L^F/L^H = 20$、$c^H = 2$、$c^F = 1.4$、$\tau = 1.2$（分别对应左上、右上、左下、右下）。

参考文献

一　中文文献

陈勇兵、仇荣、曹亮：《中间品进口会促进企业生产率增长吗——基于中国企业微观数据的分析》，《财贸经济》2012年第3期。

楚明钦、陈启斐：《中间品进口、技术进步与出口升级》，《国际贸易问题》2013年第6期。

戴觅、余淼杰、Madhura Maitra：《中国出口企业生产率之谜：加工贸易的作用》，《经济学（季刊）》2014年第1期。

戴翔、张为付：《全球价值链、供给侧结构性改革与外贸发展方式转变》，《经济学家》2017年第1期。

冯伟、邵军、徐康宁：《市场规模、劳动力成本与外商直接投资：基于我国1990—2009年省级面板数据的研究》，《南开经济研究》2011年第6期。

龚刚、魏熙晔、杨先明等：《建设中国特色国家创新体系跨越中等收入陷阱》，《中国社会科学》2017年第8期。

黄玖立、李坤望：《出口开放、地区市场规模和经济增长》，《经济研究》2006年第6期。

黄先海、蔡婉婷、宋华盛：《金融危机与出口质量变动：口红效应还是倒逼效应》，《国际贸易问题》2015年第10期。

黄先海、陈晓华：《要素密集型逆转与贸易获利能力提升——以中美纺织业为例》，《国际贸易问题》2008 年第 2 期。

黄先海、宋学印：《准前沿经济体的技术进步路径及动力转换——从"追赶导向"到"竞争导向"》，《中国社会科学》2017 年第 6 期。

黄先海、诸竹君：《新产业革命背景下中国产业升级的路径选择》，《国际经济评论》2015 年第 1 期。

黄先海、诸竹君、宋学印：《中国中间品进口企业"低加成率之谜"》，《管理世界》2016 年第 7 期。

黄先海、诸竹君、宋学印：《中国出口企业阶段性低加成率陷阱》，《世界经济》2016 年第 3 期。

简泽、段永瑞：《企业异质性、竞争与全要素生产率的收敛》，《管理世界》2012 年第 8 期。

简泽、张涛、伏玉林：《进口自由化、竞争与本土企业的全要素生产率——基于中国加入 WTO 的一个自然实验》，《经济研究》2014 年第 8 期。

鞠晓生、卢获、虞义华：《融资约束、营运资本管理与企业创新可持续性》，《经济研究》2013 年第 1 期。

李春顶：《中国出口企业是否存在"生产率悖论"：基于中国制造业企业数据的检验》，《世界经济》2010 年第 7 期。

李秀芳、施炳展：《出口企业竞争强度是中国出口低价格的主要因素吗?》，《世界经济研究》2012 年第 2 期。

李卓、赵军：《价格加成、生产率与企业进出口状态》，《经济评论》2015 年第 3 期。

刘啟仁、黄建忠：《异质出口倾向、学习效应与"低加成率陷阱"》，《经济研究》2015 年第 12 期。

刘啟仁、黄建忠：《产品创新如何影响企业加成率》，《世界经济》2016 年第 11 期。

刘啟仁、黄建忠：《人民币汇率、依市场定价与资源配置效率》，《经济研究》2016 年第 12 期。

刘晴、徐蕾：《对加工贸易福利效应和转型升级的反思——基于异质性企业贸易理论的视角》，《经济研究》2013 年第 9 期。

刘世锦等：《中国经济增长十年展望（2014—2023）》，中信出版社2014 年版。

刘竹青、盛丹：《人民币汇率、成本加成率分布与我国制造业的资源配置》，《金融研究》2017 年第 7 期。

罗长远、智艳、王钊民：《中国出口的成本加成率效应：来自泰国的证据》，《世界经济》2015 年第 8 期。

鲁晓东、连玉君：《中国工业企业全要素生产率估计：1999—2007》，《经济学（季刊）》2012 年第 1 期。

毛其淋、许家云：《中间品贸易自由化提高了企业加成率吗？——来自中国的证据》，《经济学（季刊）》2017 年第 2 期。

毛其淋、许家云：《中国对外直接投资如何影响了企业加成率：事实与机制》，《世界经济》2016 年第 6 期。

毛日昇、余林徽、武岩：《人民币实际汇率变动对资源配置效率的影响研究》，《世界经济》2017 年第 4 期。

聂辉华、江艇、杨汝岱：《中国工业企业数据库的使用现状和潜在问题》，《世界经济》2012 年第 5 期。

裴长洪：《进口贸易结构与经济增长：规律与启示》，《经济研究》2013 年第 7 期。

钱学锋、范冬梅：《国际贸易与企业成本加成：一个文献综述》，《经济研究》2015 年第 2 期。

钱学锋、潘莹、毛海涛：《出口退税、企业成本加成与资源误置》，《世界经济》2015 年第 8 期。

钱学锋、王胜、黄云湖等：《进口种类与中国制造业生产率：1995—2005》，《世界经济》2011 年第 5 期。

盛丹、王永进：《中国企业低价出口之谜——基于企业加成率的视角》，《管理世界》2012 年第 5 期。

施炳展、邵文波：《中国企业出口产品质量测算及其影响因素——培育出口竞争新优势的微观视角》，《管理世界》2014 年第 9 期。

唐东波：《垂直专业分工与劳动生产率：一个全球化视角的研究》，《世界经济》2014 年第 11 期。

田巍、余淼杰：《企业出口强度与进口中间品贸易自由化：来自中国企业的实证研究》，《管理世界》2013 年第 1 期。

王永进、张国峰：《人口集聚、沟通外部性与企业自主创新》，《财贸经济》2015 年第 5 期。

向训勇、陈婷、陈飞翔：《进口中间投入、企业生产率与人民币汇率传递——基于我国出口企业微观数据的实证研究》，《金融研究》2016 年第 9 期。

余淼杰、袁东：《贸易自由化、加工贸易与成本加成——来自我国制造业企业的证据》，《管理世界》2016 年第 9 期。

张杰、郑文平：《全球价值链下中国本土企业的创新效应》，《经济研究》2017 年第 3 期。

张杰、郑文平、陈志远等：《进口是否引致了出口：中国出口奇迹的微观解读》，《世界经济》2014 年第 6 期。

张杰、陈志远、刘元春：《中国出口国内附加值的测算与变化机制》，《经济研究》2013 年第 10 期。

张翊、陈雯、骆时雨：《中间品进口对中国制造业全要素生产率的影响》，《世界经济》2015 年第 9 期。

祝树金、张鹏辉：《出口企业是否有更高的价格加成：中国制造业的证据》，《世界经济》2015 年第 4 期。

诸竹君：《进口中间品能否提升中国工业企业加成率》，《中南财经政法大学学报》2017 年第 2 期。

诸竹君、黄先海、王煌：《产品创新提升了出口企业加成率吗》，《国际贸易问题》2017a 年第 7 期。

诸竹君、黄先海、宋学印等：《劳动力成本上升、倒逼式创新与中国企业加成率动态》，《世界经济》2017b 年第 8 期。

诸竹君、黄先海、余骁：《金融业开放与中国制造业竞争力提升》，

《数量经济技术经济研究》2018 年第 3 期。

二　外文文献

Abadie, A. and G. Imbens, "Large Sample Properties of Matching Estimators for Average Treatment Effects", *Econometrica*, Vol. 74, No. 1, 2006.

Abel-Koch, J., "Who Uses intermediaries in International Trade? Evidence from Firm-Level Survey Data", *World Economy*, Vol. 36, No. 8, 2013.

Abreu, D. and D. Pearce, "Bargaining, Reputation, and Equilibrium Selection in Repeated Games with Contracts", *Econometrica*, Vol. 75, No. 3, 2007.

Acemoglu, D. and U. Akcigit, "Intellectual Property Rights Policy, Competition and Innovation", *Journal of the European Economic Association*, Vol. 10, No. 1, 2012.

Ackerberg, D. A., K. Caves and G. Frazer, "Identification Properties of Recent Production Function Estimators", *Econometrica*, Vol. 83, No. 6, 2015.

Aghion, P. and P. Bolton, "Contracts as a Barrier to Entry", *American Economic Review*, Vol. 77, No. 3, 1987.

Aghion, P. and P. Howitt, "A Model of Growth through Creative Destruction", *Econometrica*, Vol. 60, No. 2, 1992.

Ahn, J., A. Khandelwal and S. Wei, "The Role of Intermediaries in Facilitating Trade", *Journal of International Economics*, Vol. 84, No. 1, 2011.

Akerman, A., "A Theory on the Role of Wholesalers in International Trade Based on Economies of Scope", *Canadian Journal of Economics*, Vol. 51, No. 1, 2018.

Amiti, M. and A. K. Khandelwal, "Import Competition and Quality Upgrading", *Review of Economics and Statistics*, Vol. 95, No. 2, 2013.

Amiti, M. and J. Konings, "Trade Liberalization, Intermediate Inputs, and Productivity: Evidence from Indonesia", *American Economic Review*, Vol. 97, No. 5, 2007.

Antoniades, A., "Heterogeneous Firms, Quality, and Trade", *Journal of International Economics*, Vol. 95, No. 2, 2015.

Atkin, D., A. Chaudhry and S. Chaudry, et al., "Markup and Cost Dispersion across Firms: Direct Evidence from Producer Surveys in Pakistan", *American Economic Review*, Vol. 105, No. 5, 2015.

Aw, B. Y., M. J. Roberts and D. Xu, "R&D Investment, Exporting, and Productivity Dynamics", *American Economic Review*, Vol. 101, No. 4, 2011.

Bai, X., K. Krishna and H. Ma, "How you Export Matters: Export Mode, Learning and Productivity in China", *Journal of International Economics*, Vol. 104, No. 1, 2017.

Basu, S. and J. G. Fernald, "Returns to Scale in US Production: Estimates and Implications", *Journal of Political Economy*, Vol. 105, No. 2, 1997.

Bellone, F., P. Mussoand L. Nesta, et al., "International Trade and Firm-Level Markups When Location and Quality Matter", *Journal of Economic Geography*, Vol. 16, No. 1, 2016.

Berman, N., A. Berthou and J. Héricourt, "Export Dynamics and Sales at Home", *Journal of International Economics*, Vol. 96, No. 2, 2015.

Bernard, A. B., J. Eaton and J. B. Jensen, et al., "Plants and Productivity in International Trade", *American Economic Review*, Vol. 93, No. 4, 2003.

Bernard, A. B., S. J. Redding and P. K. Schott, "Multi-Product Firms and Product Switching", *American Economic Review*, Vol. 100, No. 1, 2010.

Berndt, E. R, A. F. Friedlaender and J. S. Chiang, "Interdependent Pricing and Markup Behavior: An Empirical Analysis of GM, Ford and Chrysler", NBER Working Paper, No. 3396, 1990.

Bertoletti, P., F. Etro and I. Simonovska, "International Trade with Indirect Additivity", NBER Working Paper, No. 21984, 2016.

Biesebroeck, J. V., "Firm Size Matters: Growth and Productivity Growth in African Manufacturing", *Economic Development & Cultural Change*, Vol. 53, No. 3, 2005.

Blum, B. S., S. Claro and I. Horstmann, "Facts and Figures on Intermediated Trade", *American Economic Review*, Vol. 100, No. 2, 2010.

Brandt, L., J. Van Biesebroeck and Y. Zhang., "Creative Accounting or Creative Destruction? Firm-Level Productivity Growth in Chinese Manufacturing", *Journal of Development Economics*, Vol. 97, No. 2, 2012.

Buchanan, J. M., "External Diseconomies, Corrective Taxes, and Market Structure", *American Economic Review*, Vol. 59, No.1, 1969.

Bugamelli, M., S. Fabiani and E. Sette, "The Age of the Dragon: The Effect of Imports from China on Firm-Level Prices", *Journal of Money, Credit and Banking*, Vol. 47, No. 6, 2015.

Caballero, J. and K. Lyons, "External Effects in US Procyclical Productivity", *Journal of Monetary Economics*, Vol. 29, No. 4, 1992.

Caselli, M., A. Chatterjee and S. French, "Prices, Markups and Quality: The Effect of Chinese Competition on Mexican Exporters", Mimeo, 2016.

Cassiman, B. and S. Vanormelingen, "Profiting from Innovation: Firm Level Evidence on Markup", SSRN Electronic Journal, 2013.

Cassiman, B., E. Golovko and E. Martínez-Ros, "Innovation, Exports and Productivity", *International Journal of Industrial Organization*, Vol. 28, No. 4, 2010.

Chenavaz, R., "Dynamic Pricing Rule and R&D", *Economics Bulletin*,

Vol. 31, No. 3, 2011.

Chenavaz, R., "Dynamic Pricing, Product and Process Innovation", *European Journal of Operational Research*, Vol. 222, No. 3, 2012.

Coe, D. T. and E. Helpman, "International R&D Spillovers", *European Economic Review*, Vol. 39, 1995.

Collins, N. R. and L. E. Preston, "Price-Cost Margins and Industry Structure", *Review of Economics and Statistics*, Vol. 51, No. 3, 1969.

Comanor, W. S., "Market Structure, Product Differentiation, and Industrial Research", *Quarterly Journal of Economics*, Vol. 81, No. 4, 1967.

Cowling, K. and M. Waterson, "Price-Cost Margins and Market Structure", *Economica*, Vol. 43, No. 171, 1976.

Cosar, K., N. Guner and J. Tybout, "Firm Dynamics, Job Turnover, and Wage Distributions in an Open Economy", *American Economic Review*, Vol. 106, No. 3, 2016.

Crozet, M., G. Lalanne and S. Poncet, "Wholesalers in International Trade", *European Economic Review*, Vol. 58, No. 2, 2013.

Dai, M., M. Maitra and M. Yu, "Unexceptional Exporter Performance in China? The Role of Processing Trade", *Journal of Development Economics*, Vol. 121, 2016.

Das, S., M. J. Roberts and J. R. Tybout, "Market Entry Costs, Producer Heterogeneity, and Export Dynamics", *Econometrica*, Vol. 75, No. 3, 2007.

Dasgupta, C. and J. Mondria, "Quality Uncertainty and Intermediation in International Trade", University of Toronto Department of Economics Working Paper, No. 462, 2012.

De Loecker, J. and F. Warzynski, "Markups and Firm-Level Export Status", *American Economic Review*, Vol. 102, No. 6, 2012.

De Loecker, J. and P. K. Goldberg, "Firm Performance in a Global Market", *Annual Review Economy*, Vol. 6, No. 1, 2014.

Defever, F. and A. Riano, "China's Pure Exporter Subsidies", CESIFO Working Papers, No. 4054, 2012.

De Loecker, J., P. K. Goldberg and A. K. Khandelwal, et al., "Prices, Markups, and Trade Reform", *Econometrica*, Vol. 84, No. 2, 2016.

Deng, Z. and Y. Chen, "Markups and Firm-Level Export Status: Comment", MPRA Working Paper, No. 74494, 2016.

Dew-Becker, I., "Bond Pricing with a Time-Varying Price of Risk in an Estimated Medium-Scale Bayesian DSGE Model", *Journal of Money, Credit and Banking*, Vol. 46, No. 5, 2014

Dickinson, R., "Markup in Department Store Management", *Journal of Marketing*, Vol. 31, No. 1, 1967.

Domowitz, I., R. G. Hubbard and B. C. Petersen, "Business Cycles and the Relationship between Concentration and Price-Cost Margins", *RAND Journal of Economics*, Vol. 17, No. 1, 1986.

Domowitz, I., R. G. Hubbard and B. C. Petersen, "Market Structure and the Cyclical Fluctuations in U. S. Manufacturing", *Review of Economics and Statistics*, Vol. 70, No. 1, 1988.

Du, J., Y. Lu, Z. Tao and L. Yu, "Do Domestic and Foreign Exporters Differ in Learning by Exporting? Evidence from China", *China Economic Review*, Vol. 23, No. 2, 2012.

Duguet, E., "Innovation Height, Spillovers and TFP Growth at the Firm Level: Evidence from French Manufacturing", *Economics of Innovation & New Technology*, Vol. 15, No. 4, 2006.

Eaton, J. and G. Grossman, "Optimal Trade and Industrial Policy Under Oligopoly", *Quarterly Journal of Economics*, Vol. 101, No. 2, 1986.

Eckel, C. and J. P. Neary, "Multi-Product Firms and Flexible Manufacturing in the Global Economy", *Review of Economic Studies*, Vol. 77, No. 1, 2010.

Eden, B. and Z. Griliches, "Productivity, Market Power, and Capacity

Utilization When Spot Markets are Complete", *American Economic Review*, *Vol.* 83, No. 2, 1993.

Edmond, C., V. Midrigan and D. Y. Xu, "Competition, Markups, and the Gains from International Trade", *American Economic Review*, Vol. 105, No. 10, 2015.

Epifani, P. and G. Gancia, "Trade, Markup Heterogeneity and Misallocations", *Journal of International Economics*, Vol. 83, No. 1, 2011.

Ethier, W., "National and International Returns to Scale in the Modern Theory of International Trade", *American Economic Review*, Vol. 72, No. 3, 1982.

Fan, H., X. Gao and Y. A. Li, et al., "Trade Liberalization and Markups: Micro Evidence from China", *Journal of Comparative Economics*, Vol. 46, No. 1, 2018.

Fan, H., Y. A. Li and S. R. Yeaple, "Trade Liberalization, Quality, and Export Prices", *Review of Economics and Statistics*, Vol. 97, No.5, 2015.

Felbermayr, Gand B. Jung, "Trade Intermediation and the Organization of Exporters", *Review of International Economics*, Vol. 19, No. 4, 2011.

Fernandes, A. P. and H. Tang, "Learning to Export from Neighbors", *Journal of International Economics*, Vol. 94, No. 1, 2014.

Feng, L., Z. Li and D. Swenson, "The Connection between Imported Intermediate Inputs and Exports: Evidence from Chinese Firms", *Journal of International Economics*, Vol. 101, 2016.

Finsinger, J. and K. Kraft, "Markup Pricing and Firm Decisions", *Journal of Institutional and Theoretical Economics*, Vol. 140, No. 3, 1984.

Forlani, E., R. Martinand G. Mion, et al., "Unraveling Firms: Demand, Productivity and Markups Heterogeneity", CEP Working Paper, No. 1402, 2016.

Foster, L., J. Haltiwanger and C. Syverson, "Reallocation, Firm Turnover, and Efficiency: Selection on Productivity or Profitability? " *American Economic Review*, Vol. 98, No. 1, 2008.

Fujiwara, I., Y. Hirose and M. Shintani, "Can News be a Major Source of Aggregate Fluctuations? A Bayesian DSGE Approach", *Journal of Money, Credit and Banking*, Vol. 43, No. 1, 2011.

Gagnon, J. E. and M. M. Knetter, "Markup Adjustment and Exchange Rate Fluctuations: Evidence from Panel Data on Automobile Exports", *Journal of International Money and Finance*, Vol. 14, No. 2, 1995.

Gervais, A., "Product Quality and Firm Heterogeneity in International Trade", *Canadian Journal of Economics*, Vol. 48, No. 3, 2015.

Goldberg, P. K., A. K. Khandelwal and N. Pavcnik et al., "Imported Intermediate Inputs and Domestic Product Growth: Evidence from India", *Quarterly Journal of Economics*, Vol. 125, No. 4, 2010.

Grossman, G. and E. Helpman, "Quality Ladders in the Theory of Growth", *Review of Economic Studies*, Vol. 58, No. 1, 1991.

Guillou, S. and L. Nesta., "Markup Heterogeneity, Export Status and the Establishment of the EURO", Gredeg Working Papers, 2015.

Gullstrand, J., K. Olofsdotter and S. Thede, "Markups and Export-Pricing Strategies", *Review of World Economics*, Vol. 150, No. 2, 2014.

Hadlock, C. and J. Pierce, "New Evidence on Measuring Financial Constraints: Moving Beyond the KZ Index", *Review of Financial Studies*, Vol. 23, No. 5, 2010.

Hall, R. E, O. J. Blanchard and R. G. Hubbard, "Market Structure and Macroeconomic Fluctuations", *Brookings Papers on Economic Activity*, Vol. 17, No. 2, 1986.

Hall, R. E., "Invariance Properties of Solow's Productivity Residual", NBER Working Paper, 1989, No. 3034.

Hall, R. E., "The Relation between Price and Marginal Cost in US Industry", *Journal of Political Economy*, Vol. 96, No. 5, 1988.

Hallak, J. and P. Schott, "Estimating Cross-Country Differences in Product Quality", *Quarterly Journal of Economics*, Vol. 126, No. 1, 2012.

Halpern, L., M. Koren and A. Szeidl, "Import Input and Productivity", *American Economic Review*, Vol. 105, No. 12, 2015.

Hansen, B., "Sample Splitting and Threshold Estimation", *Econometrica*, Vol. 68, No. 3, 2000.

Heckman, J., "Sample Selection Bias as a Specification Error", *Econometrica*, Vol. 47, No. 1, 1979.

Heckman, J., H. Ichimura and P. Todd, "Matching as an Econometric Evaluation Estimator", *Review of Economic Studies*, Vol. 65, No. 2, 1998.

Heien, D. M., "Markup Pricing in a Dynamic Model of the Food Industry", *American Journal of Agricultural Economics*, Vol. 62, No. 2, 1980.

Helpman, E., M. J. Melitz and S. R. Yeaple, "Export Versus FDI with Heterogeneous Firms", *American Economic Review*, Vol. 94, No. 1, 2004.

Holmes, T. J., W. T. Hsu and S. Lee, "Allocative Efficiency, Mark-Ups, and the Welfare Gains from Trade", *Journal of International Economics*, Vol. 94, No. 2, 2014.

Hooper, P. and C. L. Mann, "Exchange Rate Pass-Through in the 1980s: The Case of US Imports of Manufactures", *Brookings Papers on Economic Activity*, Vol. 1, 1989.

Hornok, C. and B. Murakozy, "Markup and Productivity of Exporters and Importers", Iehas Discussion Papers, 2015.

Hottman, C. J., S. J. Redding and D. E. Weinstein, "Quantifying the

Sources of Firm Heterogeneity", *Quarterly Journal of Economics*, Vol. 131, No. 3, 2016.

Hottman, C. J. and R. Monarch, "Reassessing Markups, Competition, and Welfare with Supplier Trade Data for The US", Mimeo, 2017.

Hummels, D. and P. J. Klenow, "The Variety and Quality of a Nation's Exports", *American Economic Review*, Vol. 95, No. 3, 2005.

Impullitti, G. and O. Licandro, "Trade, Firm Selection, and Innovation: The Competition Channel", *The Economic Journal*, Vol. 128, 2017.

Ireland, P. N., "Sticky-Price Models of the Business Cycle: Specification and Stability", *Journal of Monetary Economics*, Vol. 47, No. 1, 2001.

Jaimovich, N. and M. Floetotto, "Firm Dynamics, Markup Variations, and the Business Cycle", *Journal of Monetary Economics*, Vol. 55, No. 7, 2008.

Jienwatcharamongkhol, V. and M. H. Tavassoli, "Bridging Firm Innovation, Productivity and Export: An Analysis Using Swedish CIS Data", Mimeo, 2012.

Joel, M., "Competition, Innovation, and the Sources of Product Quality and Productivity Growth", Mimeo, 2011.

Ju, J., J. Y. Lin and Y. Wang, "Endowment Structures, Industrial Dynamics, and Economic Growth", *Journal of Monetary Economics*, Vol. 76, 2015.

Kasahara, H. and J. Rodrigue, "Does the Use of Imported Intermediates Increase Productivity? Plant-Level Evidence", *Journal of Development Economics*, Vol. 87, No. 1, 2008.

Kasahara, H. and B. Lapham, "Productivity and the Decision to Import and Export: Theory and Evidence", *Journal of International Economics*, Vol. 89, No. 2, 2013.

Kee, H. and H. Tang, "Domestic Value Added in Exports: Theory and Firm Evidence from China", *American Economic Review*, Vol. 106, No. 6, 2016.

Khandelwal, A., "The Long and Short (of) Quality Ladders", *Review of Economic Studies*, Vol. 77, No. 4, 2010.

Khandelwal, A., P. Schott and S. Wei, "Trade Liberalization and Embedded Institutional Reform: Evidence from Chinese Exporters", *American Economic Review*, Vol. 102, No. 6, 2013.

Kilinç, U., "Productivity, Markups and International Trade: The Case of Small Open Economy", STATEC, 2016.

Klette, T. J., "Market Power, Scale Economies and Productivity: Estimates from a Panel of Establishment Data", *Journal of Industrial Economics*, Vol. 47, No. 4, 1999.

Konings, J., V. Patrick and F. Warzynski, "The Effects of Privatization and Competitive Pressure on Firms' Price-Cost Margins: Micro Evidencefrom Emerging Economies", *Review of Economics and Statistics*, Vol. 87, No. 1, 2005.

Koenker, R. and G. Bassett, "Regression Quantiles", *Econometrica*, Vol.46, No. 1, 1978.

Koopman, R., Z. Wang and S. Wei, "Estimating Domestic Content in Exports When Processing Tradeis Pervasive", *Journal of Development Economic*, Vol. 99, No. 1, 2012.

Krugman, P. R., "Pricing to Market When the Exchange Rate Changes", NBER Working Paper, No. 1926, 1986.

Kugler, M. and Verhoogen, E., "Prices, Plant Size, and Product Quality", *Review of Economic Studies*, Vol. 79, No. 1, 2011.

Lamorgese, A. R., A. Linarello and F. Warzynski, "Free Trade Agreements and Firm-Product Markups in Chilean Manufacturing", Economics Working Papers, School of Economics and Management, University of Aarhus, 2015.

Lee, C., "The Relationship between Innovation, Productivity and Exports: Some Preliminary Evidence from the Malaysian Manufacturing Sector", *Economics Bulletin*, Vol. 12, 2008.

Lee, C. Y., "A New Perspective on Industry R&D and Market Structure", *Journal of Industrial Economics*, Vol. 53, No. 1, 2005.

Levinsohn, J. A. and A. Petrin, "Estimating Production Functions Using Inputs to Control for Unobservables", *Review of Economic Studies*, Vol. 70, No. 2, 2003.

Li, H., H. Ma and Y. Xu, "How do Exchange Rate Movements Affect Chinese Exports? —A Firm-Level Investigation", *Journal of International Economics*, Vol. 97, No. 1, 2015.

Lu, Y. and L. Yu, "Trade Liberalization and Markup Dispersion: Evidence from China's WTO Accession", *American Economic Journal: Applied Economics*, Vol. 7, No. 4, 2015.

Lucas, R. E., "On the Mechanics of Economic Development", *Journal of Monetary Economic*, Vol. 22, No. 1, 1988.

Lustgarten, S. H., "The Impact of Buyer Concentration in Manufacturing Industries", *Review of Economics and Statistics*, Vol. 57, No. 2, 1975.

Manova, K., "Credit Constraints, Heterogeneous Firms, and International Trade", *Review of Economic Studies*, Vol. 80, No.2, 2013.

Manova, K. and Z. Yu, "How Firms Export: Processing vs. Ordinary Trade with Financial Frictions", *Journal of International Economics*, Vol. 100, 2016.

Manova, K. and Z. Yu, "Multi-Product Firms and Product Quality", *Journal of International Economics*, Vol. 109, 2017.

Mayer, T., M. J. Melitz and G. I. P. Ottaviano, "Market Size, Competition, and the Product Mix of Exporters", *American Economic Review*,

Vol. 104, No. 2, 2014.

Martinez-Ros, E., "Explaining the Decisions to Carry Out Product and Process Innovations: The Spanish Case", *Journal of High Technology Management Research*, Vol. 10, No. 2, 2000.

Mccann, F., "Indirect Exporters", *Journal of Industry Competition and Trade*, Vol. 13, No. 4, 2013.

Melitz, M. J. and G. I. P. Ottaviano, "Market Size, Trade, and Productivity", *Review of Economic Studies*, Vol. 75, No. 1, 2008.

Melitz, M. J., "The Impact of Trade on Intra-Industry Reallocations and Aggregate Industry Productivity", *Econometrica*, Vol. 71, No. 6, 2003.

Milgrom, P. and R. Weber, "A Theory of Auctions and Competitive Bidding", *Econometrica*, Vol. 50, No. 5, 1982.

Milgrom, P. and R. Weber, "The Value of Information in a Sealed-Bid Auction", *Journal of Mathematical Economics*, Vol. 10, No. 1, 1982.

Milgrom, P., "Auctions and Bidding: A Primer", *Journal of Economic Perspectives*, Vol. 3, No. 3, 1989.

Morrison, C. J., "Unraveling the Productivity Growth Slowdown in the United States, Canada and Japan: The Effects of Subequilibrium, Scale Economies and Markups", *Review of Economics and Statistics*, Vol.74, No. 3, 1992.

Morrison, C. J., "Markup Behavior in Durable and Nondurable Manufacturing: A Production Theory Approach", NBER Working Paper, No. 2941, 1989.

Mrázová, M., J. P. Nearyand M. Parenti, "Sales and Markup Dispersion: Theory and Empirics", CEPR Discussion Paper, No.12044, 2017.

Nash, J. F., "The Bargaining Problem", *Econometrica*, Vol. 18, No. 2, 1950.

Nielsen, A. O., "Patenting, R&D and Market Structure: Manufacturing

Firms in Denmark", *Technological Forecasting & Social Change*, Vol. 66, No. 1, 2001.

Norrbin, S. C., "The Relation between Price and Marginal Cost in US Industry: A Contradiction", *Journal of Political Economy*, Vol. 101, No. 6, 1993.

Obstfeld, M. and K. Rogoff, "Exchange Rate Dynamics Redux", *Journal of Political Economy*, Vol. 103, No. 3, 1995.

Obstfeld, M. and Rogoff, K., "The Six Major Puzzles in International Macroeconomics: Is There A Common Cause?" NBER Working Paper, No. 7777, 2000.

Olley, S. G. and A. Pakes, 1996, "The Dynamics of Productivity in the Tele-Communications Equipment Industry", *Econometrica*, Vol. 64, No. 6, 1996.

Ornstein, S. I., "Empirical Uses of the Price-Cost Margin", *Journal of Industrial Economics*, Vol. 24, No. 2, 1975.

Poncet, S. and M. Xu, 2018, "Quality Screening and Trade Intermediaries: Evidence from China", *Review of International Economics*, Vol. 26, No. 1, 2018.

Powell, D., "Quantile Regression with Nonadditive Fixed Effects", RAND Labor and Population Working Paper, 2015.

Rhoades, S. A. and J. M. Cleaver, "The Nature of the Concentration: Price/Cost Margin Relationship for 352 Manufacturing Industries: 1967", *Southern Economic Journal*, Vol. 40, No. 1, 1973.

Roeger, W., "Can Imperfect Competition Explain the Difference between Primal and Dual Productivity Measures? Estimates for US Manufacturing", *Journal of Political Economy*, Vol. 103, No. 2, 1995.

Romer, P., "Endogenous Technological Change", *Journal of Political Economy*, Vol. 98, No. 5, 1990.

Rosenbaum, P. R. and D. B. Rubin, "The Central Role of the Propensity

Score in Observational Studies for Causal Effects", *Biometrika*, Vol. 70, No. 1, 1983.

Rotemberg, J. J. and G. Saloner, "A Supergame-Theoretic Model of Price Wars during Booms", *American Economic Review*, Vol. 76, No. 3, 1986.

Rubinstein, A., "Perfect Equilibrium in a Bargaining Model", *Econometrica*, Vol. 50, No. 1, 2010.

Salop, S. C. and D. T. Scheffman, "Raising Rivals' Costs", *American Economic Review*, Vol. 73, No. 2, 1983.

Scherer, F. M., "Firm Size, Market Structure, Opportunity, and the Output of Patented Inventions", *American Economic Review*, Vol. 55, No. 5, 1965.

Scherer, F. M., "Market Structure and the Employment of Scientists and Engineers", *American Economic Review*, Vol. 57, No. 3, 1967.

Schott, P. K., "Across-Product versus within-Product Specialization in International Trade", *Quarterly Journal of Economics*, Vol. 119, No. 2, 2004.

Schumpeter, J. A., "Capitalism, Socialism and Democracy", Harper and Brothers, 1942.

Schumpeter, J. A., "The Theory of Economic Development. An Inquiry into Profits, Capital, Credit, Interest, and the Business Cycle", Cambridge: Harvard University Press, 1934.

Schwert, G. W., "Markup Pricing in Mergers and Acquisitions", *Journal of Financial Economics*, Vol. 41, No. 2, 1996.

Sen, A. and A. K. Dutt, "Wage Bargaining, Imperfect Competition and the Markup: Optimizing Microfoundations", *Economics Letters*, Vol. 48, No. 1, 1995.

Smets, F. and R. Wouters, "Forecasting with a Bayesian DSGE Model: An Application to the EURO Area", *Journal of Common Market*

Studies, Vol. 42, No. 4, 2004.

Solow, R. M., "A Contribution to the Theory of Economic Growth", *Quarterly Journal of Economics*, Vol. 70, No. 1, 1956.

Solow, R. M., "Technical Change and the Aggregate Production Function", *Review of Economics and Statistics*, Vol. 39, No. 3, 1957.

Spence, M., "Cost Reduction, Competition and Industry Performance", *Econometrica*, Vol. 52, No. 1, 1984.

Strickland, A. D. and L. W. Weiss, "Advertising, Concentration, and Price-Cost Margins", *Journal of Political Economy*, Vol. 84, No. 5, 1976.

Tarshis, L., "Post-Keynesian Economics: A Promise That Bounced?", *American Economic Review*, Vol. 70, No. 2, 1980.

Tian, W. and M. Yu, "Firm R&D, Processing Trade and Input Trade Liberalisation: Evidence from Chinese Firms", *World Economy*, Vol. 40, No. 2, 2017.

Waldmann, R. J., "Implausible Results or Implausible Data? Anomalies in the Construction of Value-Added Data and Implications for Estimates of Price-Cost Markups", *Journal of Political Economy*, Vol. 99, No. 6, 1991.

Yu, M., "Processing Trade, Tariff Reductions and Firm Productivity: Evidence from Chinese Firms", *Economic Journal*, Vol. 125, 2015.

Yun, T., "Nominal Price Rigidity, Money Supply Endogeneity, and Business Cycles", *Journal of Monetary Economics*, Vol. 37, No. 2, 1996.

Zhang, H. and L. Zhu, "Markups and Exporting Behavior of Foreign Affiliates", *Journal of Comparative Economics*, Vol. 45, No. 3, 2017.

索　引

致　　谢

　　炎癉蒸如火，光阴走似车。从 2013 年 9 月步入浙大玉泉校区，蓦然回首五年的光阴匆匆流逝，五年时间是人生中不短的一个片段，也是我学术生涯中至关重要的一段时间。在浙大的点点滴滴、所思所学是我宝贵的人生财富。付梓之际，博士学位论文取得的些许突破不仅是我个人的努力，更是一路走来在我学术和生活道路上提供各种支持和帮助的人奉献的结果。

　　导师黄先海教授是我学术生涯的领航者和学习楷模，黄老师于平时学习、研究中对我要求严格、诲人不倦，其严谨勤勉的治学态度、执善向上的处事精神对我的科研活动产生了显著"示范效应"。博士学位论文写作期间，从研究选题、大纲制定、思路构建、初稿形成到终稿修订中都凝聚着黄老师的悉心指导、批评和提升。黄老师总是以其敏锐的经济学直觉和高度凝练的理论功底对我博士学位论文的思想性和逻辑性提出针对性修改意见。黄老师不仅授人以鱼、还授人以渔，传授系统和科学的经济学理论和政策研究方法，这是我以后学术生涯一笔至为宝贵的财富。"执善向上、经世济民"，黄老师对包括我在内经济学院学生的人生要求时常回响，成为我不断向上、奋发有为的力量源泉。

　　大学者，非有大楼之谓也，有大师之谓也。浙大经济学院的诸位老师是我学术成长过程中重要助力者。这里要感谢参加开题答辩、预答辩和答辩的张旭昆、陆菁、葛赢等老师，他们为我提供了具有针对性的修改意见，对本书的中期修改、最终成文都具有重要意义。问渠那得清如许，为有源头活水来。从对经济学懵懂的本科生成长为具备一定现代经济学知识和研究能力的博士生，需要感谢各位经济学院授课老师，如马述忠老师、赵伟老师、顾国达老师、潘士远老师、汪淼军老师、徐恺老师、朱希伟老师、叶建亮老师、蒋岳祥老师、张自斌老师、董雪兵老师、宋华盛老师、何樟勇老师等，感谢你们的无私付出。博四期间曾远赴英伦访学，俞志宏副教授给予了我这次访学机会，并提供了细致化的访学安排，对我的学术问题进行了耐心指导。在诺丁汉大学经济学院访学期间，还受到来自各位名师大家的点拨，如 D. Greenaway、H. Breinlich、O. Licandro、R. Upward、G. Facchini、F. A. Crespo 等。

独学而无友，则孤陋而寡闻。五年的博士生涯要感谢杨高举、陈晓华、刘毅群、杨君、宋学印、卓昊、蒋墨冰、胡馨月、蔡婉婷、陈航宇等同门师兄、师姐，感谢与我相伴苦读的同门同窗金泽成、余骁、毛锴苑、宋红静、张浩茫等，感谢喻盼、王煌、卿陶、刘堃、张胜利、王毅等同门师弟、师妹，感谢经济学院的楼杰云、王笑笑、张洪胜、任婉婉、吴国杰、祝宇、徐凯翔、杨书林、周闯洋、顾丽原、朱芳菲、陈丽芳、刘梦恒、钱晓霞、李兰、徐怡等。以文会友、以友辅仁，感谢在我学术道路上提供帮助的盛斌教授、蒋殿春教授、陆毅教授、陆铭教授、孙浦阳教授、田泽教授、陈林教授、简泽教授、谢杰教授、刘啟仁、毛其淋、袁东、蒋灵多、崔晓敏、赵瑞丽、高翔等诸位师长和好友。《左传》讲立德、立功、立言，感谢为我发表论文付出细致审稿劳动的蒋东生老师、宋志刚老师、贾中正老师、许明老师、王徽老师、王喜峰老师、易会文老师、张洁老师、武齐老师、陈凤仙老师等。正是你们的无私奉献、温馨陪伴和悉心指导使我日益精进。

衷心感谢浙江工商大学给予的优质教学科研环境，经济学院领导赵连阁院长、徐锋书记、毛丰付副院长、王永齐副院长和余彬副书记等勇于担当、开拓创新，在教学科研方面为年轻教师提供了诸多平台，特别是在学科、专业建设等方面倾注了大量精力和资源。感谢经济学院的资深教授赵英军、何大安、马淑琴、孙敬水、俞毅、周小梅、谢杰等给予了无私关怀，同事任婉婉、李蕾蕾、商辉、姚瑶、吴锦宇、王海、钟颖琦、张志坚、周圆、孙豪、辛晓睿、周灿、于斌斌、郑晓冬、方师乐等提供了有益帮助。入职一年来，我在这一积极向上的环境中从事后续研究，陆续在《经济研究》《金融研究》《中国工业经济》《财贸经济》等重要期刊发表论文，取得了多项国家级和省部级课题，荣获浙江省哲学社会科学优秀成果奖和商务部发展研究成果奖等省部级奖励。

最后是感谢给予我最大支持和鼓励的家人，父母对我的研究道路一贯支持，提供了物质和精神的双重保障，看见你们双鬓渐白、日益苍老，我深感身上的责任，你们是我不断奋斗和提升的重要力量来源。十载光阴妻子陪我度过，长情陪伴、理解支持、携手与共，我取得的一点成绩也是你默默付出的结果，岳父母的关心和支持也是我不竭动力，你们给了我无限温暖和爱意。